社会人1年目からの

読む・書く・考える・伝える技術

Input and Output Techniques for New Employees

木山泰嗣
Kiyama Hirotsugu

Discover

はじめに

社会人になり、仕事をするようになると、学生のころとは違う世界が広がります。

学生時代に勉学や研究に勤《いそ》しんだ人も、青春を謳歌した人も、就職活動ではインターンや面接対策に力を入れ、内定をとることに血眼になったものと思います。コツコツ勉強して試験を突破し、公務員になられた方もいるでしょう。

こうして学生生活の最後に苦労をし、その末に得た職場です。ところが、社会人になった途端に、何かが違う……？　ということが起きませんか。

先輩や上司から、こんなダメ出しをされた方もいるかもしれません。

「ちゃんと文章読んだ？」

「前にも説明したと思うんだけど……」

「時事問題に疎《うと》いなぁ。新聞読んでる？」

「人の気持ちに鈍感だよね」

「段取りが悪いよ」


いままでどおりのやり方では、まったく通用しない「社会人の世界」に飛び込んだあなたは、思うようにいかない仕事にくじけ、落ち込む毎日かもしれません。

何をどのように取り組めば評価されるのか、状況が好転するのかつかむことができず、モヤモヤする。週末や休暇にはその分リフレッシュし、それなりには充実している。けれど、休みもあっという間に終わり、また仕事の毎日……。ときにはプライベートでも仕事のことを考えてしまい、楽しめなくなってしまった方もいるかもしれません。


社会人のキャリアには、学生時代のような期限もカリキュラムもありません。誰かが与えてくれる課題もありません。自分で動かなければ、そんな日々がこれからずっと続くことになります。

なんとかしなければ、と焦ると同時に、彼氏や彼女を見つけなければ、結婚しなければ、キャリアアップをしなければ、転職も考えようか……など、就職先を得て安心したのも束の間、次なる人生の課題が目の前に降りてくるでしょう。

しかし、学生時代と違い、もう長い夏休みも、春休みもありません。バイトやサークルは気軽に辞められましたが、仕事は簡単に辞めることもできません。そして、なにより毎日の仕事をこなしていくことが大変で、他者と比較し、できない自分に自信がなくなってしまう。

果たして、自分は大丈夫なのだろうか？

そんな不安から、本書を手にとってくださったのかもしれません。

本書は、わたしの大学での教え子たちが、社会人になってから相談してきた実際の悩みや質問をもとに、**社会人の基礎体力である、読む・書く・考える・伝える**ということについて、お伝えしています。

情報を収集し、膨大な資料を読み、分類・整理し、ロジカルに考え、わかりやすく伝えるという、弁護士としての技術も惜しみなく記載しました。

でも、これだけは覚えておいてください。

社会人の課題に答えはありません。「これをやれば、問題ない」という唯一無二の方法もありません。

でも、**実践していけば仕事によい影響を与える「考え方」「取り組み方」はあります。**

そして、そのような「考え方」のもとで、日々の仕事に「取り組む」人は、プライベートも含めて、次第に充実した力のみなぎる毎日を送るようになるでしょう。

そんなふうにあなたがなれるように願い、社会人1年目の教科書として、本書を執筆しました。

参考になるところがあれば、ぜひ明日からと言わず今日から実践してみてください。

本書を読むことで、あなたの社会人としての毎日がいまよりもっと充実することを、心から願っています。

「教科書」と言いましたが、本書では、暗記することも、覚えることもありません。少しでも、日々の習慣を変えるヒントになれば幸いです。

では、教科書をめくってみましょう。「仕事って楽しいですね！」と、あなたの目がキラキラ輝きはじめる未来のために──。さあ、その第一歩です。

もくじ

はじめに 3

第1章 効率的にインプットする技術

01 センスに頼らず読み解く技術 16
02 読解力を高める意識の技術 22
03 効率よく文章を読む技術 26
04 大量の情報を読む技術 30
05 読む速さと正確さを両立させる技術 34

06 説明を注意深く聞く技術 40
07 大事なことをメモに残す技術 44
08 録音に頼らず耳を使って聞く技術 50
09 情報をタイムリーに取得し続ける技術 56
10 トレンドや時代の空気に敏感になる技術 62
11 SNSで有益な情報を得る技術 66
12 必要な情報源を発見し基地化する技術 72

第2章

ロジカルに考える技術

13 議論を視覚化し整理する技術 78
14 目の前にある情報を瞬時に整理・分析する技術 84
15 分類視点のひらめきを磨く技術 90
16 直感を磨き察知する技術 94
17 目に見えない他人の心を察知する技術 98
18 すぐに人を見抜く技術 104
19 相手に疑問の余地を残さない技術 110
20 抽象思考と具体思考を行き来する技術 116
21 原則・法則をインストールする技術 120
22 狭い世界にいながら広い視野を持つ技術 124

第3章

効果的にアウトプットする技術

23 感覚思考のスピードを高める技術 130
24 自分の意見をかためる技術 136
25 自分なりの仕事観と人生観を育む技術 142
26 メンターを探す技術 146
27 上手に話せるようになる技術 152
28 プレゼンで緊張しない技術 156
29 オンライン会議に適応する技術 160

第4章 成長し続ける社会人の習慣

30 マイクを効果的に使う技術 164
31 文章作成を雑談感覚で行う技術 168
32 メールの文章をすっきり端的にする技術 174
33 書くスピードを上げる技術 180
34 読み手に信頼と安心を与える文章形式の技術 184
35 センスを感じさせる文章執筆の技術 188
36 情報源を単一化させない習慣 194

37 できる人の情報源を体得する習慣 200
38 小説やエッセイから毎日の活力を得る習慣 204
39 ビジネス書の知的教養を軽視しない習慣 210
40 大量の情報を眺める習慣 216
41 伝わりやすい説明の方法論を追求する習慣 220
42 主観的感情を抑え客観的見地から述べる習慣 226
43 他人を説得する幻想を捨てる習慣 226
44 指摘や反論をプレゼンに活かす習慣 238
45 気分や感情に流されない習慣 242
46 学生と社会人の違いを意識し成長するための習慣 248
47 仕事とプライベートを総合的に充実させる人生の習慣 254
48 他者との比較や評価を気にせず自己肯定感を得る習慣 258

第1章

効率的に
インプットする技術

01

センスに頼らず読み解く技術

文章を読むとき、ポイントをつかむまでに時間がかかってしまいます。もともと読書が苦手なので、生まれつき「読解力」がないのでしょうか？

読解力とは何なのか。まずは、これを考えてみましょう。

読む力というのは、生まれつきのセンスなのでしょうか？　もし、生まれつきのセンスなのだとしたら、言葉を知る前から読解力があるということになってしまいます。

このように考えると、**読解力とは、決して先天的なものではなく、後天的なものである**ということがわかるかと思います。そうすると、読解力とは先天的なセンスの問題ではなく、後天的に身につけるべきセンスの問題であるといえるでしょう。

仕事に関係する文章を読み解くためのポイントは、いくつかあります。まず、小説などの物語を読むわけではないということです。この点から、出発しましょう。

小説などの物語の場合は、文章そのものから直接は読み取ることができないものがあると思います。壮大なテーマ、人生、謎、価値観、ものの考え方など、感じることは読み手に委ねられている部分があります。

これに対して、**仕事で出会う文章というのは、こうした小説などの物語と比べると極めてシンプル**です。

もちろん、物語と違ってワクワクするような書きぶりにはなってないかもしれません。また、推理小説のように、謎があって読んでいくとそれが徐々に明らかになっていくというような、サービス精神旺盛な文章にはなってないかもしれません。

書き手が伝えたいメッセージを素直に受け取る

仕事に関する文章は、「読み手に伝えるべきこと」が必ずあります。読む側は、「書き手が伝えたい項目は何か」を理解することが大事です。仕事に関する文章は、これを小説のように奥深く文章のなかに閉じ込めることはされていません。

ですから、文章のタイトルや見出しをしっかり見たり、太字や下線や二重丸がついている文章に着目したりと、「書き手が伝えたいメッセージ」を素直に受け止めることが重要です。

メールであれ、文書であれ、仕事に関する文章は、このように、**伝達すべき項目が明確にわかるように記載がされているはず**です。どこに力点が置かれているのか、それを文章の字面から読み取っていきましょう。

仕事に関する文章が伝えたいことは、**①理解してもらいたい場合**、**②行動してもらいたい場合**、**③遵守してもらいたい場合**などに分かれます。

① 理解してもらいたい文章

次の２点を読み解きましょう。①**どのような問題なのか？**、②**どのように考えればよいのか？**です。もし、読んでもわからなければ、作成者や報告者や担当者に質問をしてみることです。

人が作成する文章です。すべてが洗練されて書かれているとは限りません。小説と違って、何度も書き直して、推敲されたわけではないので、洗練された文章ではないこともあります。

② 行動してもらいたい文章

次の３点を注意して読むことです。①**いつまでにすればいいのか？**、②**何をすればいい**

のか、③それは、必須なのか任意なのか？　どの程度のレベルでの行動が求められるのか？です。

これも、わからなければ、担当者に確認が必要です。いずれにしても、そのような視点で、文章が伝達しようとしている項目を読み取ってみましょう。

③ 遵守してもらいたい文章

守らなければいけない事項が、具体的に記載されているはずです。その具体的な内容を、一つひとつ正確に、その現実の場面をイメージしながら、確認してみましょう。イメージをして確認するなかで、具体性が乏しく、どのように考えればいいのか不明瞭なものが見つかったときは、担当者に確認をしましょう。

このような観点で、仕事に関する文章を読み解くクセをつけてみてください。その考え方自体が、読むためのセンスといえるかもしれません。

小説などの物語とは違い、仕事に関する文章には伝達すべき項目がある。これを理解することが重要です。

POINT

仕事の文書には「伝えたいこと」が必ずある。
書き手の伝えたいことを受け止めよう。

02

読解力を高める意識の技術

読解力を鍛えるためには、どのような点を意識したらよいですか？

読解力は生まれつきのセンスではない。そして、読解力を鍛えるためには、**その文章が、どのようなことを意図して書かれたのかを常に意識して読むこと**です。

意識すべき対象は、その文章の書き手の「焦点（＝要点）」です。書き手の「焦点」は、次のようなところに表れます。

- **文章のタイトル**
- **見出し・小見出し**
- **冒頭の数行の文章**
- **最後の数行にまとめられた文章**

また、**文章の量**にも、表れます。たとえば、３ページある文章のなかで、複数の商品が紹介されているときに、Ａという商品について、２ページ半にわたって書かれていたとすれば、Ａが、その書き手の焦点であるといえます。

文章は、情報の伝達手段の一つです。ほかの伝達方法もたくさんあります。

たとえば、口頭で伝えることもできます。また、音声ファイルや動画ファイルなどが有効な場合もあるでしょう。

伝えたい情報によって、伝達方法を選択し最適な手段を選ぶことが重要です。相手を気遣い、応援する気持ちを伝えたいなら、対面か電話で口頭で伝えるのがいいかもしれません。自分の考えや人柄を不特定多数に直接伝えたいなら、動画がいいかもしれません。YouTubeなどはその面で人気が高まっています。

そして、仕事においては、次のような理由で文章が「伝達媒体の王」として君臨しています。

・多くの人に正確に伝えられる

誤解なく、多くの人に正確な情報を伝えることができます。固有名詞や数字を伝えるための媒体としては、特に最適といえるでしょう。

・簡潔にまとめることができる

文章は1時間の話の内容を紙1枚に、まとめることも可能です。また、一覧性が高いので、素早く理解することができます。

文章は、あくまで伝達手段の一つ。そう考えると、文章の一つひとつに注目するのではなく、要は何が言いたいのかを読み解くことが、読解力といえるでしょう。

文書を読み解くことは、文章になる前の書き手のメッセージ（焦点）にいかにたどり着けるかどうかが重要になります。文章は、元々存在したのではありません。文章を書く前に、書き手は読み手に伝えたい事項がありました。それがその文章の焦点です。その文章の焦点は何なのか？　これを、書かれた文字情報から想像してアクセスしてゆく。このような意識を持つことができれば、読解力は格段に高まるでしょう。

POINT

文章は伝達手段の一つ。
書き手が伝えたいこと（焦点）をつかむことに集中する。

03

効率よく文章を読む技術

速読術の本を読んでも
速く読めるようになりません。
秘訣はありますか？

速読術の本には、「目をどのように速く動かすか？」が書かれています。しかし、目をどのように動かすかというのは、眼球の運動にすぎません。私たちが文章を速く読むためにすべきことは、目の効率的な動かし方ではありません。

大事なことは、**その文章が何を伝えようとしているかを察知すること**です。そして、察知するためには、そのヒントを嗅ぎ分ける技術が必要になります。

その文章が何を言おうとしているか。これを嗅ぎ分けるためには、**手を動かすこと**が重要です。マーカーを塗ったり、線を引いたりすることで、ポイントをビジュアル的に明らかにすることができます。

手を動かして文章を汚すことによって、その文章が伝えようとしているキーワードを見つけることができるのです。

これは皆さんが、学生時代に体験した現代国語や英文読解の試験だと思ってください。そのときには、実際に限られた時間のなかで、高い点数を取らなければいけなかったですよね。そのためには、線を引いたり、丸で囲んだりして、文章の読解に努めたはずです。

これは、現代国語の文章でも、英語の文章でも、あなたがこれから社会で出会う仕事の文章でも、じつは同じです。

あなたは、現代国語や英語の文章を読むときに、目の動かし方を勉強したことはなかったはずです。むしろ、手を動かし、時間内に内容の理解ができるように努めたはずです。ストップ・ウォッチで時間を計りながらです。

仕事の文章でも、同じことをやってみましょう。人が書く文章ですから、伝えたいポイントは必ずあります。

しかし、長い文章の場合、伝えたいポイントは、必ずしも1点だけではありません。複数の事項であったり、それなりに複雑な事項であったりする場合もあります。

まず、**キーワードに丸をつけたり、マーカーで塗ったりする**。そして、**出てくるポイントとなる単語を頭に焼き付ける**ことが、大事になります。

そうすると、断片だったキーワードがつながり、「その文章が伝えようとしている内容」が、速く理解するための素材として目の前にくっきりと現れます。

とにかく、手を動かして、目の前にある文章を汚していきましょう。

これは紙の文書に限らず、ＰＤＦなどのデータでも可能です。タブレットでも、パソコンでも、データ上にマーカーを塗ったり線を引いたりすることは、いまは簡単にできます。

手を動かし、文章を汚すことによって、速く読むことが可能になるのです。

POINT

目ではなく手を動かして、文章を汚す。

04

大量の情報を読む技術

大量の文書を読むのが苦痛です。どんどん処理する方法はありますか？

まず、苦痛の源はなんでしょうか？　この源を究明していくことが重要になります。文章が大量だから？　それとも、大量の文章を読むには、大量の時間がかかるから？　あるいは、そもそも、文章を読むという行為そのものが苦痛なのでしょうか？

でも、すべての文章を読むのが苦痛ではないはずです。あなたも好き好んで読んでいる文章があるのではないでしょうか。

たとえば、推しの芸能人がいたら、どうでしょうか？　毎日、起きてすぐに、寝る前にも、そして、歩いているときでも、電車のなかでも、スマホでＳＮＳや芸能界のニュースをチェックし、まさに大量に文章を読んでいるのではないでしょうか？

野球好きの方であれば、どうでしょう。シーズンオフですら、選手の情報やストーブリーグの情報を、朝から晩までスマホでチェックしているのではないでしょうか？

さて、これは苦痛な作業でしょうか？

一方、あなたは小説などの文芸書の担当をしたかったとしましょう。ところが、就職した出版社で週刊誌の編集担当になりました。芸能界の情報をチェックしないといけない立場になったとしたら、どうでしょうか？

「朝から晩まで芸能界のニュースをチェックする」という行為は同じでも、先ほどの芸能界好きの人とあなたとでは、前者は快楽に、後者は苦痛に分かれます。

これで、大量に文章を読まなければいけない苦痛から解放されるための発想が、わいてきたかと思います。

もう少し進めてみましょう。あなたの職場や学校に好きな人がいたとします。その好きな人から、ＬＩＮＥが送られてきました。あるいは、メールが送られてきました。私用のメッセージです。さらには、手書きの手紙をもらったとします。

このとき、あなたは、その内容が大量だからといって、苦痛を感じるでしょうか？むしろ、短いよりも、長いほうが、ドキドキしながら読めますよね。さらに言えば、急いでさっと読んだのちに、今度は、何度も何度も、そのメールや手紙を読み直し、そのなかにある奥深い相手の心の内を推測しようと、ドキドキするのではないでしょうか？

つまり、**仕事の文章を読むのが苦痛なのは、その内容に興味を持っていないから**です。

入社して間もないうちは、やりたくもない部署に回されたり、やりたくもない仕事をやらされたりすることもあるでしょう。

しかし、いまの発想で考えれば、変わります。**やるべき仕事の内容に興味関心を持つようになれば、文章を読む苦痛も、興味関心のあることに没頭する時間という感覚に変わるでしょう。**

じつは、職場のあなたの先輩の多くも、同じなのです。

好きなこと、やりたいことに興味関心を持つのは簡単です。社会人の心得としては、好きではなかったこと、知らなかったことでも、いざ自分の仕事になったら、興味関心を持つ。ラブレターを読むつもりで読む。そうすれば、自然と文章を読む速度も上がるはずです。

POINT

苦痛なのは、内容に興味がないから。
ラブレターを読むつもりで読んでみよう。

05

読む速さと正確さを
両立させる技術

文章を速く、正確に読み取ることは両立可能ですか？

「速く読むこと」と「正確に読むこと」は、一見すると、矛盾するように思われるかもしれません。しかし、仕事で読む文章は、できる限り速く読みたいと思われるでしょう。また、内容は正確に読み取って理解したいと思われるでしょう。

この二つのニーズは、じつは、同時に実現することが可能です。

実際に、ビジネスパーソンの多くは、これまで毎日、日経新聞などの紙の新聞を電車のなかや、朝の家の短い時間などを活用し、速く、そして、正確に必要な情報を受け取ってきました。現在では、紙の新聞に限らず、簡易にスマホで読むことができる電子版を読んでいるビジネスパーソンも増えていると思います。

電子版であれ、紙媒体であれ、同じです。毎日、旬な情報を、短い隙間時間を活用して情報を入手しています。あなたも、そんな人に憧れるのではないでしょうか？

速く正確に読むための５つのポイント

では、どうすればいいのか。５つのポイントをご紹介しましょう。

① 急いで読もうとしない

矛盾するように思われるかもしれませんが、**速く読むためには、急いで読まない**ことが重要です。速く読もう、速く読もうと思って読むと、せっかちになります。拙速になり、ただ目を素早く動かし、焦って読んでいるというだけの状態になります。そして、内容が全然頭に入ってこない、ということが起きてしまいます。

新入社員の方や社会に出て間もない方は、どうしても焦ってしまいます。目を動かすだけで、人に伝達できるレベルの情報を得られない。数カ所をじっくり時間をかけて読んでしまい、全体を見渡せない。そのどちらかに陥る危険が高いと思います。

② 全部読もうとしない

限られた時間のなかで、効率よく読むことを意識しましょう。全部を詳細に読もう、全部をしっかり理解しようとしないことが大事です。

重要な情報を優先的に得ようと考えるのです。これが、優先順位の発想です。

３　見出し・目次から全体を把握する

優先順位の発想は、見出しを斜め読みすることで、身につけ、実践することができます。

新聞などの場合は、まずは見出しだけを、すべて概観するということだけでもよいでしょう。短い時間で、その新聞のコンテンツが何であるかを理解することができます。

新聞や雑誌なら、見出しを一読すること、書籍なら、目次をまずは読むことです。こうして、短い時間でも、その情報媒体のすべてのコンテンツを理解することが可能になります。これは、数分程度のかなり短い時間で可能になるでしょう。

その上で、内容の詳細をさらに読みたい場合には、その見出しや目次からたどって、あるいはネットの場合には、その見出しをクリックすることで必要な情報を得ていくのです。

４　目的意識を持つ

正確に読み取るためには、目的意識を持つことも重要です。目的意識を持ち、情報を得てゆく。

まずは、**誰かに教えられるくらい理解すること**を目的としてみましょう。あなたは、短い隙間時間で読んだ記事を、その駅で降りた後に、たまたま会った職場の同僚に、数秒で話すことができるでしょうか？　数分前に読んだ新聞記事の内容を、たまたま会った相手に話すことができれば、理解できているということです。

5　5W1Hを意識する

5W1Hを意識すると、物事を端的に理解しやすくなります。**いつ、どこで、誰が、どのように、どんなことをしたのか、それはなぜか。**特にニュースの場合には、**数字、人物や企業名などの固有名詞、ブランドや商品名**、こういったものを意識することです。

こうして速く、かつ正確に情報を読み取る技術が、あなたにも身につきます。

POINT

速く、正確に読むことは可能。
急いで全部読もうと焦らないことが大切。

06

説明を注意深く聞く技術

「前にも説明しましたよ」とよく言われますが、どうしたらよいですか？

「前にも説明しましたよ」と言われてしまうのは、なぜなのでしょう？
なかには、「説明したかもしれないけど、もう一度教えてくれてもいいじゃないか」と思われる人もいるかもしれませんね。

頻繁にこう言われるとしたら、じつは社会人としてかなり問題です。

説明する側は、できる限り、説明を受ける側に生ずるであろう疑問を解消する形で、説明文書を作成します。また、その説明文書に基づき、口頭で補足説明をする場合も、特に重要なところについては、説明を受ける人の印象に残るように注意深く強調するものです。「この点は、特に気をつけてくださいね」「このようなルールになっていますよ」ということを、あらかじめ伝えているはずなのです。

にもかかわらず、説明したはずのことを何度も聞いてくる人がいたらどうでしょう。指示した期限を守らない、指示した形式ではない文書で提出する人がいたら、どう思いますか？

「（だから）前にも説明しましたよ」と言いたくなりませんか？

相手にこのような余計なコストを発生させる〝不注意〟は、**説明する側や、仕事を依頼したり指示したりする立場の人を尊重していない**と言わざるを得ません。家族に接するような、相手の厚意に甘えた振る舞いを職場で行ってしまっているともいえます。

不注意であることは、残念ながら学生には普通にあることです。私は大学で学生と日常的に接しています。多くの学生は、社会人の感覚では不注意です。でも、「学生だから仕方ないか」と大目に見てもらえることが多いはずです。

でも、社会人になったら、そうはいきません。**ちょっとした不注意でも、何度も続くと、「めんどうな奴」「仕事ができない」「一緒に働きたくない」「あいつには仕事を頼むのはやめよう」という評判や評価につながってしまう**可能性もあります。

学生時代から注意深く行動をしていた人は、社会人になっても、同じように振る舞えばよいだけです。「前にも説明しましたよ」と、言われることはないでしょう。

不注意な人というと、説明を聞いていないような印象がありますが、説明をそのまま受け取ることができない人もいます。自分のフィルターをかけて勝手な解釈をしてしまう人です。常に自分の都合のよいフィルターを通してしまい、うがった解釈をするクセがあるという場合です。これも気をつけましょう。

100%そのまま相手の言っていることを、インストールする。この感覚が、社会では重要です。勝手に改ざんしてはいけないのです。

それから、**説明を受ける際には、自分がそのタスクを実行する場面を想定し、不明瞭な点や起こりうる問題を、先回りして質問し確認しておく**ことも大切です。

これが、漏らさずポイントを聞きとる技術です。

POINT

相手に余計なコストをかけないよう、一度で確実に理解する。

07

大事なことをメモに残す技術

打合せの際にメモを取るのが苦手なのですが、よい方法はありますか？

ビジネスにおいて、メモを取ることは極めて重要です。

先輩や上司がお客さんや取引先との会議をスムーズに進めている様子を目の当たりにして、いったいどうしたら話をしながら、的確にメモを取ることができるのだろう？　と思われるかもしれません。

社内の会議においても、仕事のできる先輩たちは、ささっと重要なことをメモしながら、円滑に議事も進行させているはずです。

従来は、手帳やメモ用紙などの紙に書くという方法が主流でした。しかし現代では、パソコンやスマホ、タブレットなどに入力したり、タッチペンで書いたりする方法もあります。何にメモを残すかについては、もはやその人の自由でしょう。

よいメモは、「ああ、そうだったね」と思い出せる

ここでお伝えしたいのは、「メモを取る人」という役割でメモを取るのではなく、**話をしながら、話を聞きながら、同時にメモも残していくための技術**です。

とはいえ、「メモを取るだけでいい場合」にも、ただ会議の内容を書き起こせばいいかというと、そうではありません。

たとえば、会議に参加し、その議題に対する意見をまだ持てない新人のあなたが「とりあえず、議事録をつくっておいてね」と、頼まれたとしましょう。

この場合、あなたは議事録を作成するという「議事録作成人」になったわけです。そうすると、これは、ほぼオブザーバーとして参加しているにすぎない状態でしょう。

だれが何を言っているか、それをメモしておく。そして後で、それを整理して議事録として作成すればよいわけです。いまではスマホで録音することも簡単です。ディクテーション機能などを使って音声を拾うことができれば、そもそも人がしゃべっている音声を高い精度で文字情報に自動的に書き起こしてくれる機能まである。AIのあるそんな時代です。とても便利ですよね。

しかし、こうして完成できるのは、あくまで30分や1時間の会議の内容を、すべて逐語で記録したものです。これでは意味がありません。**議事録とは、ポイントを短くまとめることに意味がある**からです。会議の内容を、すべて逐語的に保存するためのものではないのです。

そうすると、あなたが単純にオブザーバーとして議事録を作成するときにおいても、やはり的確にメモを取る技術が必要になりますし、よい練習になるでしょう。

その会議のなかで、何が議論されたのか。どんな問題点が指摘されたのか。それについては、どのような意見があったのか。最終的に、どのような方向性に決まったのか。今後の課題は何なのか。決定事項がある場合、その期限はいつなのか。それを実際に担当するのは誰なのか。

仕事においてメモを取る意味は、こうした**会議の要点の記録・保存**にあります。

そのメモを見れば「ああ、そうだったね」と思い出すことができる。これが重要です。全体を逐語的に再現するのではなく、要点が一覧できる。そうすると、瞬時に会議の内容を正確に思い出すことができるのです。

メモすべきことは、キーワード、数字、期限、固有名詞

さて、あなたは議事録作成者としてではなく、お客さんや取引先、上司と話をしながら、受け答えもしながら、その内容を的確にメモできるようになりたい、と考えているはずです。

これは、どうしたらよいでしょうか？

スマホを使って逐一録音するという方法もあるかもしれませんが、録音される側はそれをあまりよくは思わないでしょう（よほど重要なことであれば別ですが……）。そうすると、相手と相手の目を見て、話を聞いて即答しながら、コミュニケーションをとりながら、それでも重要なことはメモに残しておく技術が必要になります。

ここで大事なことは、**コミュニケーションに集中する**ことです。メモは、コミュニケーションが終わった後でも、作成することができます。上司との会話、お客さんとの会話、そういったものが終わった直後に重要なところをまとめておけばよいのです。話をしてい

る最中に同時進行で、すべてを丁寧に書く必要はありません。あとで見返したときに思い出せるような状態でメモしておけばよいのです。

では、メモに残すべき大事なこととは、なんでしょう。

それは、**キーワード、数字、期限、固有名詞**です。**決定事項については、特に正確なメモが必要**になります。それらを聞き逃したり、忘れたりしないように、正確にメモする。

あとは、コミュニケーションに集中する。

つまり、メモを取ることが大事なのではなく、本当は、その場でコミュニケーションをとることが、最も重要ということになります。

POINT

メモは、要点のみでいい。
あとは、コミュニケーションに集中しよう。

08

録音に頼らず耳を使って聴く技術

上司や先輩の話が頭に入ってこないのですが、録音するしか方法はないでしょうか？

「話が頭に入ってこない」という悩みは、社会人になりたてのころには、よくあることかもしれません。原因は、いくつか考えられます。

1 職場の用語に慣れていない

一つは、**業界の人たちが話す言葉、職場の人たちが話す言葉に、まだ慣れていない**ということがあります。専門用語や業界用語などもあると思います。その組織のなかの部署、役職、人の名前、取引先、関連会社、支店名、商品名などがあるでしょう。

まずは、その職場・業界の言葉に慣れることが必要です。学生時代と同じようにこれらを勉強するのです。教科書や参考書は、社会人にはありません。でも、これらの基本情報は、相手の話を理解するためには、極めて重要になります。工夫して言葉を覚えましょう。

たとえば、あなたの世代に人気があるお笑い芸人やミュージシャンの最近のニュースを、50代の職場の人にお昼休みに立て続けに話してみたと考えてください。いくら話してもまったく通じないかもしれません。それは、その世代の人にとっては、話題の前提になっているお笑い芸人やミュージシャンの名前を、そもそも聞いたこともないからでしょう。同じように職場や業界にも、当然のごとく長年にわたって語られてきた情報が多々あります。こうした情報量・知識量の不足問題が一つです。これは慣れによって、ある程度は解消してゆきます。

② 社会人のリズムやテンポについていけていない

もう一つの原因としては、**社会人の話すリズムやテンポ、話の流れなどに、まだ感覚がついていけない**という場合があります。社会人の話は、社内で話す場合でも、取引先、お客さんと話す場合でも、それぞれ一定程度のリズムとテンポをもってなされます。

話の内容は、その業界では定番のいわばテンプレ的な話も多いはずです。業界特有の話題や、過去に職場などであった出来事などが、そこに自然と入ってくることもあるでしょう。「○○事件」と呼ばれているが、ネットで調べても出てこない。それは、世間に知られた話ではなく、業界内や職場内で起きた事件だった、という場合です。

業界や職場に独特な話の内容、あるいは話題の進む方向性や流れが、まだ染み付いていない。それで、外国語のように聞こえてしまうことがあるかもしれません。

このように、目の前にいる人が語っている内容が頭に入ってこないということの原因は、じつは、だいたいの場合は明快です。用語や情報の前提知識がないのです。そのため、外国語を聞いているかのような状況になってしまっているのです。

周りにいる人は普通に理解して話しているため、自分だけが見知らぬ国に来た異邦人のようになっています。そのことに気づけば、少しは気が楽になるでしょう。

数をこなして慣れていくのがいちばんの近道

外国語が話せるようになるためには、どうしたらいいでしょう？　英語の勉強では、単語、文法などを覚えましたね。しかし、知識・情報量だけではダメでした。会話ができるようになるには？　リスニングができるようになるには？

そうです。**何度も何度も、実際にその言語を使っているネイティブの話を聴く**勉強が必要でした。

つまりは、慣れていくしかないわけです。ここで重要なのは、慣れればわかってくるという面がある一方で、それだけでもないことです。

それは、**注意深く聞かなければ理解できない**という本質的な問題です。外国語を前提に話しましたが、ビジネスで人が話す言葉は、日本語でしょう。言葉も文法も、あなたは知っているはずです。

人の話を注意深く聴くという本質的な問題は、すでに述べたこと（43ページ）につながります。つまり、**自分のフィルターで勝手に解釈して聞かない**こと。これが、極めて重要になります。

相手が話している言葉、その思考、その考え方を、丸ごと100%受け止めていく姿勢です。これがあなたの心に構築されていることが前提になります。

さらに、**相手がどのような立場で語っているのか**、具体的に想像して、しっかりと把握することが、誤解せずしっかり聞くことにおいては重要です。組織においては、社内で話す場合、どの部署のどのような役職の人が、誰に対して話すかによって、いわゆるポジション的な立場が形成されます。

社外の人に話す場合にも、どのような関係の相手に話すのかによって、また話す内容も話し方も変わってきます。クライアントと話すとき、下請け先と話すとき、一般顧客と話すとき、親会社の人と話すときで、やはり微妙に変わってくるでしょう。

相手の立場・ポジションを明確に意識する。そうすることが、社会人として話を聞き取り、正確に理解するために、とても重要になります。

POINT

相手の立場や意向を具体的に想像し、言葉をそのまま受け止める。

09

情報をタイムリーに取得し続ける技術

時事問題についていけないのですが、どこから情報を得ればよいのでしょうか?

社会人になると、学生時代と違い、先輩とランチを食べるときでも、職場で雑談をするときでも、時事問題がベースになります。それはなぜでしょうか？

学生時代も、社会で大きく話題になっている事件や事故などについて話す機会はあったかもしれません。しかし、多くの話題は、サークルやバイト先の出来事や、仲のいい友達の話など身近にいる人たちの出来事だったのではないでしょうか。授業や、間近に迫ったレポートの提出、期末試験や単位の話など、大学や学校の日常的な話題が中心だったかもしれません。

共通の会話のネタとしての時事問題

学生時代は、同世代の人が集まっているということが、大きな要因として挙げられると思います。社会人になると、世代の限定はなくなります。

そうすると、日常のなかで共通して会話のできるネタは、時事問題になっていくのです。

これは職場の人であれば、職場のネタはもちろんありますが、社会人は「社外の人」とも話す機会が多くあります。そこでは、職場の内輪ネタは話せません。

逆に言うと、**時事問題に精通していないと、雑談や日常会話ができなくなる**可能性があります。あなたも、きっと、そのような状況を職場で経験し、自分が仕事で話題についていけないなあ、ということを実感しているかもしれません。

この時事問題は、じつはなかなか奥深い問題を抱えています。なぜかというと、新聞やテレビのニュース、インターネットニュースなどをみていれば、自ずと入ってくる時事問題と、そうではない時事問題があるからです。


そして、さらに原因は、二つに分かれます。

一つは、あなたがそもそも一般的なニュースになる**時事問題に関心がないため、それらの情報を得ていない**という場合です。この場合は、解消法は明快です。ニュースでもワイドショーでも、新聞でもネットニュースでもよいので、しっかりみる習慣をつくればよいのです。

もう一つは、時事問題といいながら、じつは、**その業界固有の時事問題**になっている場合です。たとえば、日経新聞を読むことが、社会人になると重要になります。しかし、日経新聞に載っているような時事問題は、退職した世代が日常的に得ている情報かというと、そうではありません。現役世代でも、小学校・中学校の先生には、特に必要な情報ではないでしょう。

つまり、**ビジネスにかかわる者にのみに共有される時事問題がある**のです。そのなかにも、ジャンルを問わない幅広い時事問題があり、それとは別に業界に固有の時事問題もあります。

知っているかどうかではなく、話せるかどうかが重要

ここで重要なことをお伝えしておきます。

時事問題を日々入手することは、学校の勉強とはまったく違うということです。なぜかというと、**時事問題は、日々刻々と更新されるニュース**だからです。そのニュースがたとえば数分前に公表された内容であるとき、取引先を訪れて1時間話していたあなたが、その時点でその間に公表されたニュースを知らないのは当然です。これを知っている（取引先で話しているときも、スマホをチェックし続けている）ことは必要ではありません。

情報を知っているかどうかは、重要ではありません。それにもかかわらず、時事問題を知らないことが、コンプレックスになってしまうのはなぜでしょうか？　おそらく、その時事問題を通じた会話をすることができないからでしょう。あるいは、その時事問題の話題を通じて、自分の意見を言うことができないからかもしれません。

時事問題の社会人における悩みは、**情報を得ているかいないかよりも、話すことができるかどうかで**あることが多いです。

たとえば、時事問題が職場の先輩との間で話題になったときに、それを**知っているかどうかよりも、聞くことができるか**が重要です。先輩が新しい情報を語ってくれている。それを、真摯に聞くことができる。それだけで、じつは十分に時事問題をネタにコミュニケーションがとれている、ということになります。しかし、興味関心を示すことができず、黙ってしまう。これでは、聞いているとはいえませんよね。

時事問題に関心を持ちアンテナを張るとは、**目の前にいる人が語っている内容に耳を傾けること**なのです。そして、知ってるか知らないかではなく、わからないことがあればそれを聞いてみる。疑問があれば、疑問をぶつけてみる。その人の意見を聞いてみる。

こうした力を身につけるには、タクシーや美容室などでの会話が役立ちます。素性もわからない大人同士の時事問題を通じた会話にトライしてみましょう。日常的にできれば、ニュースでは知れないまさに時事ネタをこうした会話から入手できる可能性もあります。こうして聞くこと、話すことに意識を向けることで、情報も自然に入ってくるのです。

なお、時事問題は、**前提知識を勉強する**ことも重要です。「A社がTOBをします」「B社がホワイトナイトになりました」というニュースは、会社法の知識がないと理解できないでしょう。「○○円の保釈金を納めて保釈されました」というニュースは、刑事裁判の知識が必要です。その都度、わからないことは制度や仕組みの概略を調べてゆくことです。

POINT

社会人の雑談は会話するためのツール。
知らない情報なら、真摯に聞けばいい。

10

トレンドや時代の空気に敏感になる技術

世の動きに敏感な人がいますが、どうしたら察知できるようになりますか？

時代のトレンドに敏感になるためには、いくつかの方法があります。

トレンドを知りたいが、業界の勉強をするので精一杯。自宅でテレビを観る時間もないという人もいるかもしれません。忙しい社会人におすすめしたいのが、サブスクリプション・サービス（サブスク）です。定額料金を支払うことで一定期間中に無制限で利用できるサービスです（手頃な料金のものがよいでしょう）。

サブスクを利用して、幅広く見聞する

一つめはサブスクで、**雑誌を読むこと**です。業界誌を読むことも大事ですが、一般の雑誌も読んでみましょう。ファッション誌、週刊誌、スポーツ誌、エンタメ誌……。

ドコモの「ｄマガジン」（電子雑誌の読み放題サービス）の会員になれば、月にわずか400円（税抜き）払うだけで、500以上の雑誌を読めるようになります。スマホでもタブレットでも（つまりは雑誌サイズに近い形で）読むことが可能です。

タブレットの電子データで読むと、瞬時にページを繰ることができ、通勤などの隙間時間に素早くチェックできます。

たとえば、ファッション誌を眺めているだけでも、時代のトレンド、流行色、いまどきのファッションがわかってきます。男性であれば、女性誌を買う機会はないでしょう。でも、読み放題サービスであれば、これも簡単に見ることができます。

こうした雑誌の数々に日々目を通していれば、その変化にも敏感になってきます。

週刊誌などは**見出しを見るだけでも、いま何が話題になっているかがわかります**。政治だけでなく、俳優やモデル、芸人などの芸能界や、映画や小説、音楽などの文化人の旬な人物もキャッチしやすくなります。

もう一つは、**音楽、ドラマ、映画**です。これらを日常的にチェックすることだと思います。これも、「アマゾン・プライムビデオ」「アマゾン・ミュージック」「ネットフリックス」などの簡単に利用できるサブスクが活用できます。テレビの見逃し配信も一般的になり、リアルタイムで観ることができなくても、ドラマのチェックなども可能になりました。

映画館に行けなくても映画も観れますし、昔の映画やドラマなども、観ることができます。スマホやタブレットでも利用できるので、外で観ることもできますね。

雑誌やドラマ、映画などに日常的に手軽に触れることができる。これは現代人が享受できる大きなメリットです。こうした習慣ができると、話題が豊富になり、人間的に深みが出るのはもちろんですが、**自分がいる業界や職場とは離れた、世間一般の現在のトレンドやその空気に敏感になってきます。**

業界の専門誌などを読むことも、もちろん重要です。しかし、それとは別の情報に多く触れることによって、**異業種、他分野からの発想を得やすい人**になれます。

きっと、あなたの企画に、あたらしい風が吹きます。そして、職場で、業界で注目を集める企画や商品開発、新サービスの提供が実現できるでしょう。

まだサブスクサービスを使っていない人、また、使っているけれど、仕事に活用できていない人は、ぜひトレンドを知るという視点で見直してみてください。

POINT

サブスクを活用して、新しい発想を得る。

11

SNSで有益な情報を得る技術

SNSで発信する難しさを感じています。
上手に使いこなすにはどうしたらいいでしょう？

SNS（ソーシャルネットワークサービス）離れがニュースになり、その付き合い方を考える人も多いかもしれません。上手に使いこなすには、どうしたらいいでしょう。

それは、**あなたのツイッターアカウントを情報を得るための受信専用にする**ことです。

ツイッターで、これまで考えられてきた魅力は、発信と反応による参加でした。自らツイートをしたり、「いいね」を押したり、リツイートをしたりすることができる。これは、自分メディアとして、不特定多数の人に意見を述べることができ、反応も示すことができる特色です。

しかし、こうしたツイッターにおける発信や反応は、最近では、若い人を中心にむしろ避けられる傾向にあると思います。ツイッターにおける議論は、匿名で自由があるようにも思えます。

ところが実際には、匿名かつフォロワーの少ないアカウントであっても、何かのタイミングで突然バズって拡散することや、不特定多数の人から反応が寄せられることは、ツイッターの利用が浸透した今日では、誰にも起き得ることになりました。

特に、社会の状況や政策や論調が変動し続ける不安定な状況が続く今日においては、じつに個人的な出来事や、ちょっとした失言に対しても、誹謗中傷がなされます。政治家、芸能人、スポーツ選手などのニュースが拡散し、大勢の人がネット上で批判をする。こうした日常の中心にあるSNSが、ツイッターであることは間違いありません。

SNSで他者の誹謗中傷を見る時間、自身が誹謗中傷に参加してしまう時間は、貴重な時間の浪費になってしまう。そこで、ツイッター自体を回避したくなる気持ちは、よくわかります。

受信専用ツイッターを活用するメリット

他方でツイッターには、大きなメリットがいまでも残っています。メリットだけを享受する方法を考えてみましょう。それは、簡単です。発信はやめ、受信専用として使えばよいのです。

1 専門的な情報が手軽に得られる

新聞やテレビや週刊誌に出るような一般的なニュースはもちろんですが、あなたが携わる**職業や業種に固有の専門的なニュース**も得ることができます。現在では、専門的な業界のニュースを伝える専門家や出版社、雑誌なども細かくツイッターアカウントを作成し、日々情報発信をしているからです。

こうしたツイッター上の情報発信環境の整備は、最近急速に整備されたと思います。一つの出版社でも刊行している雑誌ごとにアカウントがつくられ、最新号の表紙やトピックスをツイートしていたりします。編集者個人がアカウントで発信するものも増えました。こうしたアカウントにたどり着くと、その人がフォローしている人や、フォロワーのなかに、同じように業界情報を発信している貴重なアカウントが見つけられるはずです。

2 日本以外の情報もリアルタイムで得られる

ツイッターは全世界共通のSNSです。中学生レベルの英語がわかれば、世界各国の最新の情報も日々リアルタイムで読むことができます。よくわからなくても、単語等で検索すれば、日本語の解説が見つかることも多くあります。

③ 情報のソースにアクセスしやすい

特に有益なのは、ツイッターの発信には、ソースとなるURLがついているものが多い点です。官公庁が発信した新しい情報や有力な団体が発信した情報など、**個人が参照しているツイートから簡単にそのソース（原典）にたどり着ける**ことは、大きな魅力といえます。原典を自分で探そうとすると時間がかかり、気づくまでにタイムラグが生じてしまうからです。

発信者だらけの社会から一抜けする

自分の所属する業界に関するさまざまなアカウントをフォローしておけば、受け身で見ているだけでも、貴重な新しい情報源に日々簡単に触れることができるようになります。無料で、かつ、リアルタイムで得られる、全世界かつ業界固有の細分化されたニュースを入手できるメリットは、享受して損することは、まずないでしょう。

ＳＮＳは、使い方次第です。**YouTubeを含めて発信する人だらけの社会では、受信に力を入れる人の方が貴重**といえます。発信に力を入れる人は多数おり競争は激しく、玉石混交です。よほど自分の発信力や専門性に自信がある人以外は、思い切って受信専用に変えてしまいましょう。

発信することに時間を投入している人よりも、はるかに短時間で多くの情報を得られるようになります。**得た情報は、ＳＮＳによる発信ではなく、日々の職場、仕事でリアルな成果に活かしていけばよい**のです。

POINT

ツイッターは思い切って受信専用に。
業界関係のさまざまなアカウントをフォローしてみよう。

12

必要な情報源を発見し基地化する技術

よい情報源は、どのようにして見つけたらよいのでしょうか？

前項では、ツイッターからの情報についてお伝えしました。
そのほかの情報源についても、チェックしておきましょう。

フェイスブックは、30代以上の世代で、特に仕事について日々発信している人が多いです。閉じた業界の人同士のなかで、ゆるくもかたくつながりあうことで、専門的見地からの発信がなされています。伝手《つて》を使って探し、友達申請（フォロー）をしてみましょう。

ＳＮＳでは、直接には面識がない人であっても、あるいは一度仕事で名刺交換をしたことがあるくらいの人でも、日々の情報源として活用できる点にメリットがあります。

メルマガも、あなどれない情報源です。無料のものも多く、日々有益な情報が、基本的にはすべてＵＲＬ付きで手に入るのが利点です。わたしが専門にする分野にも、さまざまなメルマガがあって、国税庁や、税務や法務の雑誌出版社のメルマガなどに登録して、無料で日々情報を得ています。

ツイッター、フェイスブック、メルマガという、**無料の「電子媒体の３点セット」**を活用すれば、複数の情報を日々得られるようになります。最新の重要な情報を見逃さないよう、隙間時間などにスマホでチェックする習慣を身につけましょう。

専門家の知見をしっかり読むという点では、**専門誌**がいいでしょう。有料会員になれば、最新のものもバックナンバーも、ＰＤＦなどで簡単に閲覧できるものもあります。

紙の雑誌を個人ですべて定期購読することは、金銭的にも物理的にも限界があると思います。これらは社内の書庫や、専門図書館などの活用もできるとよいでしょう。これらに加えて、職場が登録している有料データベースなどがあれば、それらを積極的に活用すると、大きな情報源になると思います。

ここで紹介したものの多くは、日々発信されている媒体が無数あるにもかかわらず、自分から積極的に情報を得ようとしないと、まったく入ってこないものです。スマホやパソコンを通じて、手軽に情報に接することができるにもかかわらず、それを知らないか、活用しきれていないと、まったく情報が入ってこないという状況が起きやすいです。

この点を認識して、自分から情報源をつかんでゆくことが大事です。**先輩や業界の人か**

ら情報をどのように得ているかを聞いてみましょう。情報を得るための手段に対して、貪欲にアンテナを張ることが肝要です。

情報は、つまるところ人が発信するものです。「この人に聞けば」という人が、職場にも業界にも、必ずいるはずです。頼れる人、信頼できる人、詳しい人に、直接話を聞ける。そうした機会もしっかりつくっていくことも大事になるでしょう。

同僚や学生時代の友人などにも、貴重な情報はあるはずです。休日に会って雑談をしたり、プライベートで話をする機会があれば、思い切って仕事に関する話も聞いてみましょう。話すことよりも、聞いてみることが大事です。

異業種にもヒントはあります。情報源はとにかくたくさん持っておくことです。そうすることで、思いもよらぬところから、有益な情報が入ってくる体制ができます。

ぜひ、アンテナを立ててみましょう。

POINT

情報を貪欲に取りに行く姿勢が大事。

第2章

ロジカルに考える技術

13

議論を視覚化し整理する技術

会議などで議論をきれいに整理できる先輩に憧れます。どうすれば、うまくできるでしょうか？

会議とは、メンバーが特定の議題についてさまざまな意見を交わす場です。口頭で議論が行われますが、台本があるわけではありません。そこでは、自由闊達な議論がなされます。司会として進行する人の役割も重要です。そして、議論の内容を深めて円滑な進行をするためには、**口頭でなされている議論を、リアルタイムに整理する**ことが求められます。

議論を整理することが上手な人は、会議室にあるホワイトボードを使うことでしょう。といっても、発言者の話をすべて書く必要はありません。小学校の授業では担任の先生が、一人ひとりの発言を丁寧に書きましたが、それとは違うのです。

ホワイトボードで「分岐点」を視覚化する

議論の方向性を整理するために、ホワイトボードを使うのです。ホワイトボードを使うときには、**発言すべてを書き留めるのではなく、「分岐点」に注目する**ことが重要です。

たとえば、Ａという企画を検討する会議で、賛成と反対の二つに分かれたとします。さらに、反対の人が述べる意見をみていくと、理由は大別して三つある。このようなときには、まず、「賛成」と「反対」という二つの分岐点を示します。その上で、さらに「反対説」のなかにある三つの視点（理由）を示すのです。

その際、論者が重視するポイントをキーワードとして記載しましょう。たとえば、①予算の問題、②類似商品とのバッティングの問題、③社内の新ルールとの抵触問題」などと記載します。こうすることで、反対説にも、三つの視点があることが会議の参加者に共有できます。

そうすると、今後は、その三つの問題が議題になります。たとえば、①であれば、「いくらまでなら可能か？」、②であれば「企画の方向性を修正することで解消できないか？」、③であれば「新ルールとの抵触を回避する方法は？」などと、色を変えてホワイトボードに記載してみます。こうして、議論は整理され、次のステップに促すことが可能になります。

ホワイトボードを活用すると、それぞれが言いたい放題で着地点や方向性が見えにくくなった議論を整理し、これからさらに何を議論し、検討すべきなのかを明確にできます。

ホワイトボードに整理できる人は、ホワイトボードがなかったとしても、頭のなかで同じように、議論を整理して、円滑に進行することができます。もっとも、頭のなかだけの整理でできるようになるためには、ホワイトボードを使った文字化の経験が支えになります。

初めてなら一人で練習してみる

弁護士になって間もないころ、所内の会議をするときに、ホワイトボードを使って上手に整理する同僚をみて、自分もこのようになりたいなと思いました。それで、次の会議から自分が担当事項を報告するときには、ホワイトボードを使ってみることにしました。

ホワイトボードを使うためには、会議の参加者全員が着席しているなかで、自分だけ突然立ち上がることが必要になります。事前に考えてきたものを書くわけでもないので、その場でアドリブ的に書くことになり、なかなか勇気がいります。でも、勇気を持ってやってみると、意外と上手に整理できるものです。そして後からそれを印刷したいという人も出てきました。いままであれば、スマホで写真に撮る人が出てくるでしょう。

いまはオンラインで会議をすることが、増えていると思います。オンライン会議でも、ホワイトボード機能がついているものもあります。その場で行われている議論を整理し、リアルタイムで文字化していく作業をぜひやってみましょう。

初めてなので躊躇があるという場合は、実際に、会議を自分一人でやって練習してみましょう。アドリブで何かを話しながら、同時にその内容をホワイトボードで整理してみたらよいと思います。

練習のときも、**事前に書くことを考えるのではなく、話しながら「アドリブで書く」のがポイント**です。やってみると、話す側自身も整理できることが実感できると思います。書きながら話すと、ゆっくり考えながら進めることができます。

話した内容を整理してみると、頭もスッキリし、次の話もしやすくなるでしょう。

実際に会議で試してみると、上司や先輩から「そのホワイトボードの3に書いてある部分だけど……」と、議論の中で活用してもらえるでしょう。書いた甲斐があったな、という達成感が得られれば、議論を整理することが楽しくなります。

いままで苦痛ですらあった会議が、クリエイティブな場に感じられるようになるはずです。こうして議論を整理することがおもしろくなってくれれば、日々の仕事で見えていた景色はきっと変わり、たしかな手応えが得られるでしょう。

POINT

まずは、ホワイトボードを使ってみる。
議論の分岐点に注目してみよう。

14

目の前にある情報を瞬時に整理・分析する技術

情報をロジカルに整理し、
分析する力は、どのように身につけ
たらよいですか？

整理・分析の力を身につけるためには、**自分の頭で考え続ける思考力**が重要です。考えるためには、どのような対象にも使える、「視点」を持つことです。

「結論」→「理由」で分ける

まず、考え方の「分岐点」については、前項でも少し触れましたが、A説とB説という分け方があります。

まずは結論で分けるのが、わかりやすいでしょう。肯定説と否定説に分けてみる。さらに、同じ結論でも、理由が違うことがあります。そこで**結論は同じ説でも、理由でさらに「A－1説」「A－2説」「A－3説」のように分けてみる**。

このような考え方の整理・分析の手法を、わたしは法学を学ぶなかで身につけました。法学は学説の対立が多いのですが、いずれも法文の解釈というものの考え方で分岐しているからです。たとえば、刑法では、犯罪が違法とされる根拠は、結果が悪いからだと考える説と、行為が悪いからだと考える説があり、この大きな対立から、あらゆる論点で学説が分かれています。

まず「結論」で分ける。次に、考え方の対立軸を「理由」の観点で細分化する。こうした手法は、いきなり実践しようとしても、うまくできないかもしれません。

そのためには、**ある分野について概説した新書や、あるテーマについて考え方をまとめたビジネス書などを読んでみる**ことです。重要なのは、文章で分量があって丁寧に論じられた本を読むことです。ネットニュースやSNSの情報では達成できないので、読書の重要性になります。これは小説では実現できません。ものの考え方を整理した文章を日常的に読むことです。

「共通点」「相違点」「時間軸」に着目して比較する

整理・分析する対象は、考え方に限りません。仕事の対象である、商品やサービスの企画で考えてみましょう。**ものやサービスを整理・分析する視点には、「共通項」と「相違点」があります。**

たとえば、いまあなたが動画やテレビでみていたお笑い芸人に、「ミルクボーイ」がいたとします。お笑い芸人といえば、「ぺこぱ」も最近は人気ですよね。二人組でいずれも男性です。同世代で、同時期に売れた漫才師である点でも共通性がありますね。では相違点は？　と考えてみると、芸風も、ビジュアルも違いますよね。

さて、次です。『鬼滅の刃』の映画が大ヒットしました。過去に興行収入で1位を記録していた映画作品として、『千と千尋の神隠し』を比較したニュースも多くみられました。あるいは、累計発行部数が億を超えている漫画作品という点では、『鬼滅の刃』と『ワンピース』が比較できるかもしれません。いずれも、週刊少年ジャンプのヒット作で、主人公は男性です。これは共通項でしょう。

しかし、前者（鬼滅と千と千尋）も後者（鬼滅とワンピース）も、内容でみれば、当然ですが多くの違いがあるはずです。まず、時代が違います。そうすると、宮崎駿の映画がヒットした２００１年と、鬼滅の刃がヒットした２０２０年を比較してみる。この20年の間に、どんな違いが起きているのか、時代背景も「検証」できるかもしれません。

このように、「時代」という**「時間軸」の視点**を添えると、歴史的な深みのある分析も可能になります。時代背景や、ヒットの秘訣の源まで、見えてくるかもしれません。

お笑い芸人の話に戻ると、ミルクボーイとぺこぱは、いま売れている芸人ですが、長きにわたっていまでも売れているお笑い芸人を思い返してみると、ウッチャンナンチャン、ナインティナイン、爆笑問題、とんねるず……と、男性二人組なんですよね。ほかにもいるかな……？　と考えてみると、「ああ、ダウンタウンもだ」となるでしょう。

そんな気づきが得られた時点で、分析・整理の視点は十分に使えています。

では、似たものをずらして考える**「視点のずらし」**でも考えてみましょう。法学では「類推」と呼ばれる考え方でもあります。

たとえば、今後は、二人組ではないけれど売れている芸人はいないかと、考えてみるのです。そうすると、数十年以上売れている第一線のお笑い芸人といえば、明石家さんま、タモリ……と、ピン芸人に超売れっ子がいたな、とわかるでしょう。このような「視点のずらし」は、関連性を具体化する手法によってできます。

コンビ名に視点を置いて比較をすると、ミルクボーイもぺこぱも漢字が使われていないなという気づきもでてきます。さらに、「時間軸」の視点も使うと、過去から売れている芸人のコンビ名をみても、カタカナやひらがなが多いとわかるでしょう。

今度は**「なぜか？」**と考えてみます。これは「検証」の作業です。その際には、「仮説」を立ててみましょう。「そうか！　広く売れるためには、漢字も知らない子どもに受ける必要があるからかもしれない」などと、考えてみるのです。

仕事以外のテレビを見ているときや、電車に乗っているときなどに、このような視点を使って、何でもよいので、対象を見つけて比較してみましょう。仕事で扱っている商品や企画にもそれを活かすことができるようになるはずです。

POINT

日常生活の中で、比較して考える練習をする。

15

分類視点のひらめきを磨く技術

整理・分析する力をもうワンランク上げるには、どうすればいいでしょうか？

前項で、新書やビジネス書などを読む習慣が大事だとお伝えしました。文字がぎっしり詰まった書籍や、コンパクトながら特定の分野の考え方を丁寧に整理した新書を読むことで、あなたの整理・分析力はアップします。

他方で、年間に３００冊、５００冊、そんなに読めるのか疑問です。１０００冊読むみたいに、やたらにたくさん読めばいいのかというと、そうではありません。速読をすればいいのかというと、そうでもありません。

大事なことは、数ではありません。**少なくてもよいので、あるテーマについて丁寧に分析・整理された「文章で書かれた読み物」を熟読する**ことです。

ワンコンテンツ、一つのテーマについて、さまざまな考え方を整理した上で、筆者の見解を展開していくものとしては、やはり**「論文」**が精緻です。

論文というと、研究者が細かな他の文献の脚注をつけて書いた「専門性の高いもの」、一般人には手の届かない「難解なもの」というイメージがあるかもしれません。しかし、論文は、テーマは決して難解なものだけではありません。どのようなテーマであっても、研究対象になるからです。

論文は、**テーマと視点の新規性が重要**です。論文のテーマ・視点を眺めてみるだけで、新たな分岐点や比較のヒントが見つかることでしょう。また、論文があるかもしれないと思って、検索してみたらおもしろそうなものが見つかるかもしれません。

現在は、研究者が書いた論文は「機関リポジトリ（電子化された論文のアーカイブシステム）」に登録されるのが通常で、インターネットで公開される仕組みができています。

かつては、研究論文をみようとしたら、図書館に行く必要がありました。天井まである棚と棚を移動させ、そこに挟まれないようにしながら、薄暗い部屋の奥まで入り、そこで目で追って「〇〇大学〇〇論集」という地味な真っ白なペラ紙の論文集（大学紀要）の「〇巻〇号」を探し、やっと手に取れることができる。それをさらに時間をかけてコピーする。こうしてようやく読めるものでした。

しかしいまは、だれでもインターネットで「CiNii Articles（サイニー）」を使って検索すれば、簡単に論文を見つけることができます。そのうち「機関リポジトリ」に登録された論文は、図書館に行かなくても、ＰＤＦデータで全文読むことができます。

興味があるものについて「サイニー」で、ぜひ検索をしてみてください。『スラムダンク』

でもJリーグでもアイスクリームでもいいのです。実際に検索してみると、どんなテーマでも論文があることがわかるでしょう。

そして、ぜひPDFで読んでみましょう。身近なものが、そこでは「○○説」「××説」と、整理・分析されているかもしれません。

論文の分量は、20〜30ページ程度。新書よりもはるかに短いものが大半です。スマホやタブレットで無料で読めます。知的な気分にもなれます。書籍と違い、読者サービスはありませんから、ロジックのみで簡潔です。

読書も大事ですが、論文まで読む人は、まだ一般の社会人には少ないと思います。読んでいるうちに、**自然に合理的に整理・分析する思考が身につくはず。**ぜひ、試してみてください。

POINT

興味のある論文を気軽に読んでみよう。

「察しが悪い」と思われがちです。「打てば響く」と言われるようになるには、どうすればいいでしょうか？

社会人になると、「打てば響く」というタイプの上司や先輩が周りに現れるでしょう。あなたの顔を見た瞬間に「ダメだったか」と。あるいは、「おっ、うまくいったか」と、あなたが報告する前から、状況を察知して言い当ててしまうのです。

こうした察知する力は、魔法でも何でもありません。二つの情報を読み取ることができれば、誰でも察知できるようになります。

相手の表情などの非言語情報を読み取る

一つめは、言語化されていない**「非言語情報（ノンバーバル情報）」を的確に読み取る**ことです。

言葉を知らない赤ちゃんも、大人の表情をみて、親が喜んでいるのか、怒っているのか、という情報を敏感に感じ取って反応しますよね。人にはもともと、相手の表情や、態度、雰囲気などの非言語情報から、思っていることを察知する能力を持っています。

これは、マンガやアニメのデフォルメされた表情を思い起こすと、イメージしやすいと思います。セリフがなくても、そのキャラクターが喜んでいるのか、驚いているのか、悩んでいるのか、絶望しているのか、何かを企んでいるのか、わかりますよね。

マンガの表情は、人間の表情に共通して表れる非言語情報のテンプレを、上手にデフォルメしているのです。こうした**表情の理解を、日常に活かせばよい**ことになります。

逆にいえば、あなたの思っていることを上司や先輩にズバリあてられたのは、あなたの顔に、その内心の表情が明確に表れていたということもできます。そして、あなたが相手の思っていることや、考えていることを「打てば響く」と言われるくらいに、瞬時に理解できるようには、**非言語情報をしっかり観察する**ことが、まずは必要になります。

相手の状況などの「文脈」を読み取る

二つめは、**相手がいまどのような状況にあるのかを把握しておく**ことです。これは要するに**「文脈を理解する力」**といえます。

ちょっとした言動から、「あの件の期限は、今日だったよな」「大きな企画のプレゼンが昨日だったはずだよな」などと、周りの情報を把握しておく。これらは相手の状況を素早く察知するための文脈になります。

いつ、どこで、だれが、どんな状況にあるか。仕事のできる社会人は、こうした付随情報も、まめにチェックし把握しているものです。それがあなたの上司や先輩である場合、あなたの現在の状況も把握されていると思ったほうがよいでしょう。自分自身では把握されていないつもりでも、しっかり見られているということです。

「非言語情報」と「文脈」を読む力を身につければ、あなたも、相手の考えていること、思っていることを瞬時に察知できるようになれるでしょう。

このような視点をもって、人間観察をし続けてみましょう。そうすると、いずれ、「あのときの○○と同じ顔だ」というインスピレーションもわくようになります。そのときは「あのときの○○」はどんな状況だったかを思い出せばよいのです。直感を磨くと、こうした情報は降ってくるようになります。才能ではなく、観察と経験による技術なのです。

POINT

相手の表情をしっかり観察し、周囲の状況を把握しておく。

17

目に見えない他人の心を察知する技術

他人の気持ちに鈍感だとよく言われます。
どうすれば敏感になれますか？

「他人の気持ち」にも、種類があります。社会人になったばかりの方は、職場で働く社会人の複雑な心情を理解することが、最初はむずかしいかもしれません。これまで生活していた「同世代だけのゆるい環境」とは、まったく異なる世界に入るからです。

社会人になるとグッと成長する男性がたくさんいます。学生時代は頼りなく見えていたのに社会人になると、メキメキと仕事に適応しはじめるものです。

一般的に、女性は協調性のなかで生きていくといわれています。ですから、男性の仕事欲、出世欲、自己顕示欲を理解することが、最初はむずかしいかもしれません。

ドラマや漫画で学ぶ

他人の気持ちを理解するには、ドラマと漫画が教科書になると思います。人間ドラマを克明に描いた、秀逸な作品が日本にはたくさんあるからです。

たとえば、作家の山崎豊子の小説を原作にした、『**沈まぬ太陽**』という連続ドラマがあります。航空会社に入社したときから壮大な年月をかけて、同期入社の二人の男性の人間ドラマが描かれています（ドラマは全20話と大長編です）。一方は出世を目指し、一方は自身の信条を貫くのですが、出世し続ける行天四郎と、労働組合の委員長時代に信念を貫いたがために左遷され続ける恩地元。二人の生き方から学べるものは、多いでしょう。**人には行動原理があり、みな同じではない**ことがわかるからです。

最近流行っている「倍返しだ」の『半沢直樹』のような単純な「勝ち負け」の世界とも、また違うもので、リアルに人間の心理が描かれている作品になっています。

サラリーマンというと、若いときも、年を重ねても、仕事も恋愛もバリバリしていく男性を描いた作品があります。ドラマや映画だけでなく、現実にもどの職場にも、きっとそういう人がいるでしょう。サラリーマンの世界を絶妙に描いた作品が、弘兼憲史の漫画『**島耕作**』シリーズです。わたしは全巻漫画を持っています。

30年以上にわたり連載が続き、課長、部長、取締役、社長となり、いまでは会長も辞めて相談役なのですが、島耕作という仕事ができて女性からもモテる男を中心とした有名な漫画です。嫌な上司や、敵だか味方だかわからないようなビジネスのなかで登場する相手など、手練手管の実社会にいかにもいそうな人物がたくさん登場します。

一人ひとりの人間の特徴がリアルに描かれているので、『島耕作』を読むと、会社で働く人の社会における人間心理を学ぶための、格好の勉強教材になると思います。

男性の場合は、女性心理がわからないという方も多いかもしれません。恋愛でなくても、上司や後輩、同期や取引先など一緒に働く女性との対応にも気を遣うことでしょう。女性ならではの複雑な関係や心情が描かれた物語は、たくさんあります。最近では、働く女性が描かれた作品もあります。男性とは明らかに違う女性の複雑な心境がポンポンと出ることに戸惑うかもしれませんが、これが女性なんだとだんだんわかると思います。

女性向けは恥ずかしいという男性も、ドラマでは女性マンガが原作のものが結構あります。たとえば、マンガがドラマ化され、吉岡里帆さんが主演された『**きみが心に棲みついた**』という作品があります。小川今日子というヒロインにも、星名漣という大学時代の先輩で下着メーカーの職場でも一緒になった向井理さん演ずる男性も、ともに子ども時代に家庭内の屈折した体験があり、共依存になっています。それが反発し合いながらも、なかなか離れることができない。

そうしたなかで新たな人との出会いがあって、恋愛に踏み切ろうとしたときに起きる相刻がリアルに描かれています。そこには職場仲間をめぐり、三角関係、四角関係のような矢印の方向が噛み合わない複雑な恋愛模様も絡んでいて、ひと筋縄ではいかない人間の心が錯そうしています。

主人公以外の気持ちを想像する

ドストエフスキーを読んでみようとか、ロマン・ロランを読んでみようとか、世界の古典名作を読むとなれば、現代人には時代背景も異なるし、登場人物がカタカナでわかりにくいと、アレルギー反応が起きる人もいるでしょう。これに対して、ドラマや漫画のよさは、**ストーリーを楽しみながら「他人の気持ち」を学ぶことができる**点にあります。1対1の単純な恋愛ドラマではなく、職場でおりなす複雑な人間関係が出てくる作品がよく、放送回数の多いものがよいと思います。社会でも多くの人と接し、そして時間軸による時の経過が必須の作用になっているからです。この点で、映画よりドラマ、小説より漫画です。

そして、多数登場するドラマや漫画の人物一人ひとりの気持ちを見るクセをつけましょう。主人公だけに感情移入する見方は、自分中心と変わりません。他人の気持ちをわかりたいのであれば、**メインではない周囲の登場人物の気持ちも想像する意識を持つ**ことです。そもそも、役者も漫画家も、他人の気持ちを演じ描くプロなのです。

「他人の気持ちに鈍感」という冒頭に戻りましょう。これまで自分のことだけを考えて生きてきた人は、周りの人の気持ちに鈍感であることが多いと思います。しかし、社会に出ると自分中心で生きていくことは、むずかしくなります。社会人になってからでも、学べる要素はたくさんあります。社会人は、職場で仕事のスキルだけでなく、他人の気持ちも学べるのです。

POINT

他人の心の機微は漫画やドラマで勉強してみよう。

18

すぐに人を見抜く技術

打合せの後に上司が「あれは〇〇だな」と言うのですが、なぜわかるのでしょう？

まず人を見抜くことについて、お話しします。

初めて会った人が、どんな人であるかを見抜く。個人的な経験ですが、弁護士時代に鍛えられました。弁護士は、常時新たな仕事（案件）を、初めて会う人との間でスタートさせるからです。そして、相談者と契約を締結し、裁判の代理人になることを決定するには、それなりに慎重な判断が求められるからです。

相談者を選ぶ、相談を断るという選別をしているのではありません。「反社会的な匂いを感じる」「違法行為をしているかも」「契約しても報酬を支払ってもらえないかも」「裁判になったときに虚偽答弁をしそう」「本当のことは隠して話を進めそう」「自分が正しいと断言しているけれど、証拠がまったくないかも」などといったリスクがあるからです。相談者と正式に委任契約を締結すると、こうしたリスクをも背負い込むことになるので、慎重に見極めます。

初回の相談を受ける、継続して何度か相談を受ける、ということであれば、法律相談を受けて法的なアドバイスをするだけですから、障害はありません。しかし、裁判の代理人をするとなれば、それなりに長い時間、相談者とともに論陣を張ることになります。

わたしの業務は税務案件がほとんどでしたが、弁護士になりたてのころは、離婚、遺産相続、損害賠償、刑事事件など、何でもやりました。緊迫感のある毎日のなか、事件の筋、その業界、その人の特性によって傾向が見えてきました。

その後も10年以上にわたって経験を積み重ねた結果、初めて会った人に対しても、センサーが鳴るようになりました。もちろん、頭のなかでです。「前に痛い目にあったあの人と似ているな」「あの事件と同じ雰囲気だな」というものですが、顔が似てるといった身体的特徴ではありません。同じ匂いが感じられるのです。

こうしたセンサーは、若いころには鳴りませんでした。先輩の弁護士や一緒に仕事をする専門家の方たちは、初対面でもパッと見て、「この人はしっかりしている」「この人は怪しい」「この事件は筋がいい」「筋が悪い」と、最初にみた時点で、ほぼ見抜いていました。最初は、「なんでそんなことがわかるのだろう?」と、逆にそのような初見を示す人を疑うくらいだったのですが、そうした初見はまず当たっていました。時間がたってから、新人のころのわたしも「たしかに」と、あとでようやくわかるのです。

そして気がついたらわたしも、わかるようになりました。これは**パターン認識であり、**

経験則だと思います。

その人がどのような表情を浮かべているか、どのような仕事を持ってきているのか、どのような相談をしに来ているのか、どのような事項をどのような順序で話すのか、こちらの質問に対してどのように答えるのか、お金の問題についてすぐに触れるか避けるか、触れる場合にどのような考えを示すか……こうした**間接事実をいつも観察し、仮説を立て、振り返り、経験を溜めていくことによって、徐々に推認できるようになる**のです。

意思決定の背景を見抜く

見抜くべきことは、「人」のほかに、もう一つ「状況」もあります。状況の問題は、たとえば、**その人の意思決定に大きな影響を及ぼす人は、誰なのかを推測して探る**ことです。

いざ契約となったときに「ちょっと帰って相談してみます」「もう一度、社に持ち帰って検討させていただきます」ということがありますよね。これは社内における新企画の意思決定や、他社と共同で行う商品開発などでも同じでしょう。

このときに、その人の背後にいる人がだれかを見抜くことが必要です。場合によっては、その人に率直に、意思決定のプロセスを聞いてみることも大事です。

資産家の個人のクライアントの方でも、奥さんが大きな力を持っているという場合があります。「家内に相談します」と言われたら、これはわかりやすいのですが、**即時に人を見抜く人は、こうした一言をもともと問題意識をもって聞いている**ので「意思決定は奥さんだ」と察知できるのです。

社外の人であれば、その人の上司がどう言うのか、子会社の人であればその親会社はどんな意向なのか、プロジェクトを進める場合、他部署はどういう意見なのかも重要になるでしょう。

法務は規制の観点からみるけど、営業は額が大きいので積極的である、予算の観点から財務のチェックが厳しそう、経営企画は別の観点から別件とバーターで考えているようだ……などと、部署の背景を想像する。こうしたことがビジネスでは常時あるものです。

意思決定の背後にいるのはだれなのかを常に考えていると、背後に抱えている状況が推測できるようになります。推測しながらさらに会話をすれば、くっきりとわかってきます。

POINT

①相手の表情や話し方を見て経験を積む。
②意思決定の背後にいるのはだれかを常に考える。

19

相手に疑問の余地を残さない技術

いつも後からダメ出しを受けます。段取りが悪いのでしょうか？

仕事において、段取りはとても重要です。段取りとは、何をいうのでしょうか。
段取りとは、事前に仕事を想像しつくし、問題が起きないよう、すべて手を打っておくことです。

学生時代は、段取りが少しできれば、「できる人」と思われます。しかし社会に出たら、段取りができることは当たり前になります。逆にいうと、「段取りが悪い」という評価がささいなことで常時なされるのが、社会人です。

「段取り力」が身についていないと、仕事では大きなマイナス評価をされます。入社間もないころで経験が浅いとみなされるうちは、「まだ若いから仕方ないか」「最近の若い人だからな」と思ってもらえます。温かく見守ってもらっているともいえますが、あなたの成長を信じてもらえているのです。

段取りがよくなかったことについて、厳しい意見を言われるかもしれません。しかし、入社間もない若いうちに、段取り力を身につけておかないと、いずれ、だれからも指摘してもらえなくなります。そして暗黙に評価だけが低くなりますから、気をつけましょう。

あらゆる角度から想像し、あらかじめ対策しておく

段取りをするためには、どうしたらいいでしょうか？

さきほど定義したことが、すべてなのですが、意識を研ぎ澄ませば、むずかしいことではありません。ただ、**あらゆる角度から想像をして、事前に必要と考えられることをすべてしておけばよい**のです。いわゆる気がきくといわれる人は、こういうことがもともと自然にできる人です。

たとえば、会議を主催するのであれば、参加者は何名か、誰が参加するのか、どの部屋で行うのか、プロジェクターなどの使用機器は何が必要か、資料はどのようなものがあるのか、だれから資料提出があるのか、時間は何時から何時までなのか、途中参加や途中退室の予定の人はいるのか、などを確認しておくことが必要でしょう。

いつ、どこで、だれが、何を、どのように行うのか、ということは、会議を主催するときには、事前にすべて確認しつくしておき、ぬかりがないようにしておくことが求められ

ます。

会議で起きがちなことは、会議室の予約ができていなかった、ダブルブッキングになっていた、コピーが足りなかった、コピーの一部に漏れがあった、重要な出席者への連絡がなされていなかった、出欠の確認が取れていなかったなどです。これらは、会議に限らず、**起き得ることを想定することで、事前に対策ができる**ものです。

進行をする場合には、時間管理も必要になるでしょう。進行役に慣れている人は、その日の議題や、検討事項の軽重、そして担当者や参加者の顔ぶれなどから、どの議題が簡単に終えられ、どの議題に時間がかかりそうか、あるいはもめそうか。そんなことまで考えているものです。

会議のなかで、ある部分の報告をしたり、提案をしたりすることになっている場合には、根回しも必要かもしれません。会議本番で大きく反対されるおそれがあり、そうなると困る場合には、事前に手を打っておく（別の場で軽く説明をしておく）などの定石を踏むことすら、慣れた先輩方はふつうにしているものです。

すべては、先回りです。会議を例にしてみましたが、その時々の会議の議題や内容や担当者などによって、想定され得る個別の問題もあるでしょう。

会議に限らず、どんな仕事でも、まずは事前に現場の状況を想像することです。そして、事前にやっておくべきことをリストアップし、それを一つひとつこなしましょう。

会議室を予約する、参加者の日程調整をする。慣れていない人は、こうしたものを、前日や当日になってからやりがちです。前日や当日に段取りを始めるということは、社会では、それによって仕事が発生する多くの人に唐突な迷惑をかけることを意味します。社会人は、やるべきことが多く、とても忙しいからです。そして、事前にできることを直前や当日に求められると、人はイラッとくるからです。

許されるのは、緊急性がある重要案件の場合や、急に決まったためやむを得ない場合のみです。2週間前から決まっていたのに、前日や当日に段取りを始められたら、それによって動く必要がある人は唐突な業務が入ることになります。


段取りとは、想定することが重要ですが、つきつめて考えれば、**多くの関係者の仕事によって成り立つ現場の采配をするにあたり、できる限り関係者に気持ちよく働いてもらう**ということです。心構えも含めて、事前に、早めに、詳細に伝えておくことが大事です。

忙しい多くの関係者を、ある1点の準備・配慮不足で、振り回した。それがみえてしまうので「日程調整をもっと早くやっておけばよかったね」「出欠の確認はきちんとしていたの？」「コピーは少し多めに刷るものだよ」と、終わった後にダメ出しを受けてしまうのです。

ポイントは、事前に先回りし、それによって動いてもらうことになる他者への配慮をすることです。**社会は人と人との集まりで、社会人はその集まりのなかで働くもの**だからです。

POINT

段取りが悪いと、相手の貴重な時間を奪うことになる。

20

抽象思考と具体思考を行き来する技術

抽象的な議論についていけません。どのように考えるのがよいのでしょうか？

抽象思考と具体思考の両者を、行き来することは重要です。どちらか一方では、なかなか話が進みません。具体思考ばかりでは、その場その場の対応しかできませんし、抽象的なことばかり話しても、実際の出来事に対応できません。

比較の視点として「共通点と相違点」、さらに時間軸も含めて分析するとよいとお話ししました（86ページ）。そのときの具体例として、いくつかの映画作品やドラマ作品なども挙げました。このように、**抽象的な概念と具体例を合わせて考えることができれば、自由自在に分析・検討ができる**でしょう。これは大きな武器になる思考力です。

法学では、常に抽象思考と具体思考を行き来します。法というルールが一般的・抽象的な決まりになっているのに対し、そのルールを適用する対象である具体例は具体的事実だからです。

たとえば、刑法199条には「人を殺した者は、死刑又は無期若しくは5年以上の懲役に処する」と規定されています。いわゆる殺人罪です。ここでは、「人を殺した」としか書いてありませんが、これは殺人罪の成立要件（構成要件）になります。

ここにある「人」という文言も、「殺した」という文言も、極めて抽象度が高いです。

そこで「人」とは何なのか、「殺した」とは何なのか、ということを議論するのが法学です。
これは抽象思考を行っています。

①抽象思考は上に上げていく感覚（帰納法）

抽象思考というのは、上に上がっていく感覚だと思ってください。たとえば、武田鉄矢さんといえば、唯一無二の金八先生を演じた役者が浮かびますよね。この具体例を「男性俳優」という属性に抽象化すれば、「男性俳優」には武田鉄矢さん以外にも、星野源さんも、大谷亮平さんも、竹内涼真さんも該当します。さらに「男性」という属性にすれば、大谷翔平選手や玉森裕太さんも入ってきます。さらに広げて「日本人」という属性にすれば、今度は浜辺美波さんや有働由美子さんも含まれるでしょう。

これが、抽象思考の持つ利便性です。抽象度には「段階がある」こともわかるでしょう。

具体例から抽象的概念を考える方法を「帰納法」といいます。

②具体思考は下に下ろしていく感覚（演繹法）

抽象的概念から具体例を考える方法を「演繹法」といいます。

演繹法は抽象から具体に下りる感覚です。日本人から男性、俳優、金八先生を演じた、武田鉄矢さん、と抽象度を下げ限定していきます。

このように、人や物を見たときには、それがカテゴライズされる属性を考えます。そして、**属性の段階を上げたり下げたりすると、抽象思考の領域が広がります。**常に意識してやってみましょう。抽象度を上げ下げし、抽象から具体にいき、具体から抽象にいくのです。

こうすることで思考力は、鍛えられます。

POINT

抽象化と具体化で考える練習をする。

21

原則・法則をインストールする技術

「〇〇の法則」や「××戦略」などといったビジネス共通語についていけません。

勉強した方がよいですか？

「ブルーオーシャン戦略」などはすでに一般用語化し、ビジネスパーソンの常識に近いですが、そのほかにも、広告・宣伝・戦略などの方面からさまざまな法則があります。

わたしが大学で学生に授業をするときや、ふだん物事を考えるときにも、基準としてよく使うのが**「ジョハリの窓」**という心理学の法則です。人には「未知の部分」と「既知の部分」がある。これを前提に、自分（本人）にとっての「未知」と「既知」と、他者（他人）からみた「未知」と「既知」を掛け合わせ、「４つの窓」がある。本人にも他人にも「既知」であれば「開放の窓」です。他人は「未知」で本人だけが「既知」であれば「秘密の窓」。他人には「既知」なのに、本人にとっては「未知」であれば「盲点の窓」になり、他人も本人も「未知」だと「未知の窓」になります。

この法則を知れば、「これは未知の窓だな」「これは盲点の窓だな」といったことを、日常的に考えることができます。具体的な法則名を挙げるとキリがありませんので、この例にとどめますが、**世界的に普遍性のあるものとして明らかにされている原理原則を知っていると、それが思考の基礎になります**。思考の基礎が多い人は、思考の幅が広がります。

問題はこうした法則名（原理原則）を、どのように押さえていけばよいかでしょう。どこまで知れば、一般的なものは押さえたといえるのかとなると、受験問題のような試験範囲はありませんから、一線を引くことはむずかしいです。新しいものも、いくつも出てくると思います。

おすすめは、ビジネス書や新書などを読む**習慣を持つ**ことです。

東京駅の丸の内と八重洲、近くの日本橋という日本の知的エリートが集まるビジネス街には、ビジネス書の新刊が大量に入口に積まれる大型書店があります。ビジネスの第一線で活躍する人には、「共通読書」があるのです。

話題になっているビジネス書（分厚くて読み切れなさそうだとしても）にも関心を持ち、手にとり読む習慣を身につければ、さまざまな法則に日常的に触れる機会が得られます。「あれ、あの本にも出てきたやつだよな」「これ、どの本にもよく出てくる法則だなあ」という感覚的な経験が、読書の習慣を持つことで、いずれ蓄積されてくるでしょう。

大事なことは、**試験勉強のように暗記しようとするのではなく、使おうとすること**です。社会で重要なのは、法則の知識ではなく、使えることです。この点で、その使い方が書かれている本を読み続けることが重要になるのです。

読書で得た法則は、日常生活のなかでも積極的に使ってみましょう。気づきがあればスマホやノートに法則名を整理するのもよいかもしれません。

法則といっても、アルキメデスの法則、フレミングの法則、メンデルの法則のような理数系の科目のなかで、学校で教わるものは、日常生活への応用可能性は低いでしょう。

これに対し、学校教育では習わないけれど、世に語られる人間の行動心理などについてまとめられた原理原則は、使い勝手がよいと思います。

なにかを考えるときに自然と「ジョハリの窓で考えると、あれだな」と、いつでも引き出せるようになることを意識しましょう。それができるようになったとき、身についた法則が、あなたの脳にインストールされるのです。

POINT

使える法則を持っていると、思考の幅が広がる。

22

狭い世界にいながら広い視野を持つ技術

ニッチな業界なので視野が狭くなる
感覚があります。
どうしたらよいですか？

仕事とは、ニッチなものです。メーカーであれ、金融であれ、食品であれ、コンサルであれ、「何でもやっている」という仕事はないでしょう。その組織に所属する限り、あなたは、そのニッチな仕事に、ずっとたずさわることになります。

入社して間もないころや、2、3年目くらいまでは、仕事をこなすこと、仕事に慣れることで手一杯でしょう。自分がいる世界が「ニッチである」という、狭さにすら気づけないものです。しかし、3年、4年、5年とやるなかで、仕事・職場に慣れてくると、ある日突然、その会社の外に目が向くようになります。会社の外に目が向き、しばらくすると、今度はその会社が属している業界の外にも目が向くようになります。

「自分は他業界でやっていけるのか」という不安

「井のなかの蛙」という言葉があります。井戸のなかにいるカエルは、自分が井戸のなかにいるということを認識していません。暗い井戸のなかで生活する毎日です。しかし、ある日、上空に目をやったとき、一縷の光が目に入ります。その先には何があるのか？　そして、井戸のなかから出たときには、その井戸がいかに狭い場所であったかに、カエルも気づくでしょう。

これを仕事に置き換えると、こうなります。業界のことには異様に詳しくなったし、職場ではどんな仕事でもできる。長くいるためその部署の業務は、だれよりも詳しい。でも、もし自分が別の会社に行ったら、どうだろう？　別の業界にいたら、自分は果たして仕事ができるのか？　周囲がみえて転職の可能性まで考えるようになったときに、そんな疑問が起きます。

考えても、問題は永遠に解決しません。なぜなら、仕事は、そもそも基本的には一つのことしかできないからです。また、それをやっているときには、それ以外の物がすべて「井戸の外」になるからです。**井戸の外に出ても、別の井戸に入るだけで「その外」は、常に存在します。**

他の仕事を知り、共通点を見つける

大事なことは、自分の目の前にある職場、業界の「なかに何をみるか」です。

テレビで報道番組を観る。新聞の社会面を読む。雑誌を読む。すると、職場の外にある社会が見えます。しかし、それはだれにでもできます。狭い業界で働きながら、その環境を活かして「社会」をみる目を養う。そのことが、広い視野の獲得になります。

ポイントは、**「自分の業務範囲にある普遍的なもの」を見る**ことです。

こうした視点を身につけるために、まず仕事を舞台にしたテレビドラマや小説などを観たり読んだりしてみましょう。働く人を描いたものが多く、ニッチで細分化された職場やその仕事についてもよく描かれています。出版社でも編集者の仕事を扱った『重版出来』があれば、校閲の仕事を扱った『校閲ガール』もありました。『半沢直樹』は、銀行が舞台で、子会社である証券会社も描かれていました。

どのような業界でも、どのような職種でも、そこで毎日仕事をする人たちのさまざまなドラマがあります。主人公の仕事に対する悩みやトラブル、喜びややりがいについても描かれています。あなたはきっと気づくはずです。「ああ、**業界も仕事内容も全然違うけど、毎日職場で起きていることは、うちと一緒じゃないか**」と。

ニッチなところにいるのは、決してマイナスなことではありません。むしろ、その狭い職場を通じて、社会全般に共通する「普遍的なもの」を見つける目が必要なのです。

目の前にある出来事を観察するだけでは足りません。そこでとどまってしまうと、隣の芝生が青く見えるだけの人になってしまいます。観察した上で、共通点を見出し、抽象化し、普遍性を見つけていくのです。

たとえば、あなたが生命保険業界で働いているとして、「〇〇については、損保（損害保険業界）も同じなのか」では、まだ狭いです。「銀行も同じようなところがあるんだな」でも、まだ狭いでしょう。「画家の仕事も、音楽家の仕事も、映画監督の仕事も、出版の仕事も、コンサルの仕事も同じなんだな」と思えることを見つける、これが普遍性の発見です。

あなたの職場は、ニッチかもしれませんが、そこにいる人にしかできない体験をしていることになります。**「貴重な体験」を軸にして、「広く社会に存在する普遍的なものを見る」目を養いましょう。**

仕事についての普遍的な考え方やスキルを磨いていけば、将来や転職についても、それほど不安に思う必要はないはずです。井戸の中にいながら、大海を想像し、備えることができるのです。

さまざまな職場を知って、「普遍性」を自分の職場のなかに見出せるようになれば、その外にあるさまざまな会社や業界が、じつはすべてつながっていることにも気づけるはずです。

つながりによってつくられた「全体」がみえてくれば、「部分」であるあなたのニッチな仕事が、「広い全体」のなかにふくまれた「社会の一部」であることがわかります。

広い視野は、ただ外を傍観することで得られるのではありません。狭い世界のなかに「普遍性」を見出し、「全体の一部であること」を意識することで得られるのです。

POINT

さまざまな職場を知って、自分の仕事の中に「普遍性」を見つける。

23

感覚思考のスピードを高める技術

会話のキャッチボールが下手で、「頭の回転が遅い」と言われます。改善策があれば教えてください。

素早く会話のキャッチボールができる人は、「頭の回転が速い」と言われることが多いでしょう。ただしこの場合、「勉強ができて頭がいい人」と、必ずしも一致するわけではありません。

目の前にいる人の話を、注意深く聞き、相手の話すスピード、その内容に呼応して、即座に相手から投げられたボールを受け止める。こちらからもボールを投げ返す。これが会話の基本です。その回り方、回し方が早いことを、人は「頭の回転が速い」と言います。

会話がポンポンと進むと、議論が深まったり、結論に達する速度も上がるので、会話における回転の速さは、「仕事のできる人」の条件ともいえるでしょう。

頭の回転が遅い人の二つの特徴

頭の回転が遅い人のパターンは、二つあります。

一つめは、**相手から出てきた言葉すら聞いてない**パターンです。これは最もよくないパターンですが、実際には多いです。自分の話したいことばかり考えていて、目の前にいる人の話を聞いていないのです。

二つめは、**相手から出てきた言葉をそのまま受け止めてしまう**パターンです。これも、じつは大してよくありません。

「勉強ができて、頭がいい」と言われる人で、社会人としての会話が下手な人は、だいたい言葉尻にこだわっています。相手が使った言葉をそのまま受け止めるので、相手が言おうとしていたことを、誤解してしまうのです。頭の回転が遅いと言われても仕方ないでしょう。社会で会う人の発する言葉は、試験のような文章問題ではないのです。

ディベートでは、言った言わないの言葉尻を捉えて、相手を論破できます。矛盾しているとか、前言と違うなどを追及できるのは、国会答弁でしょう。同じノリで会話をしようとすると、融通のきかない人になります。そして、頭の回転の遅い人と評価されます。

ということは、「頭の回転の速い人」になるには、逆のことをやればいいわけです。

つまり、次の2点が重要なのです。

- **目の前の人の話をきちんと聞くこと**
- **言葉ではなく、言おうとしていることの理解に努めること**

相手の言っていることを、そのまま受け止めようとするのではなく、相手が「言おうとしていることは、何なのか?」を、常に想像しながら聞くことが重要です。読む文章と違い、発言内容は推敲することができません。その場で吐き出される言葉の数々は、そのまま相手に伝えられます。相手はその言葉を受け止め、すぐに投げ返すということが必要になります。

発言内容は、投げられた言葉をそのまま解釈してはいけません。言葉がたどたどしかったり、説明が不正確だったり、省略されている、ということが会話では普通にあるからです。頭の回転の速い人は、この特徴をつかんでいます。**出てきた言葉を、そのまま受け止めるのではなく、言葉を耳で聞き、同時に「相手が何を言おうとしているか」を心で感じています。**

相手の心を受け止めようとしているか?

頭の回転が速い人は、目の前にいる人が「何を言おうとしているか」を常に推測しています。そういう人は、「ところで」と言われただけでも、「おお、あれのことか」と話を促せます。「そうそう。でね」と相手もスピードを速めることができます。「それでは○○について、これから説明しようと思います」「わかりました。では、○○についてご説明ください」などと言わずに、同じことを素早く実現しているのです。

こうした頭の回転の速さは、それまでの文脈や、その人のパーソナリティー、いまおかれた状況などから、相手が何を言おうとしているかを推測することで、可能になります。

まずは、目の前にいる人が「何を言おうとしているか」を推測することを心がけましょう。赤ちゃんや、子どもが相手であれば「お腹すいたの？」「これ買ってあげようか」と、言葉以外の部分を補って、相手が思っていること、欲していることを、つまり「真意」をくみ取ろうとするものです。それが大人同士になると、なぜか言葉だけを信頼してしまう人がいます。

生まれつき頭の回転が遅いのだと思っている人は、多くの場合が、相手の話を聞いていないか、相手の話をそのまま言葉だけで聞いているか、のどちらかです。これは話を聞く姿勢の問題なので、改善すれば「回転」は速くなります。

頭の回転の速さとは、生まれつきのものではなく、相手の心を受け止めようとする姿勢

であり、スタンスなのです。

キャッチボールには、受けるだけでなく、投げることも必要です。相手が言おうとしていることを捉えたら、すぐに適切なボールを投げ返す力も、両輪として必要になります。でも、相手の言おうとしていることが理解できれば、投げ返すボールはそれほどむずかしくないでしょう。ただ、関連づけて考えることは、大事です。関連づけて考えることができる人は、相手が投げたボールに「情報を付加する」ことができ、「話題を広げる」こともできます。

そして、会話をしながら常に、相手の心にある本意は何か、相手はどうしたいのか、という「真意」「欲求」も考え続けます。その意識が、あなたの思考のスピードを速くします。

POINT

相手がどうしたいのか、常に推測しながら話を聞く。

24

自分の意見をかためる技術

自分の考えに自信が持てず、会議などで発言できません。どうすればいいですか？

入社して間もないうちは、会社で発言するときに、自分の意見に自信を持つことは、なかなか難しいものです。

経験が圧倒的に不足しているのに、経験豊富な百戦錬磨の上司や先輩の意見を差し置いて、自分の意見を堂々と述べる。多数が支持して進めようとしている企画に真っ向から反対意見を述べる。そんなことをすれば、周囲のことを考えない、独りよがりな意見を吐き出すだけのわがままな人とみられるでしょう。

とはいえ、ずっと発言しないと「やる気がない」と思われたり、「なんでもいいから意見を言って」と促されることもよくあります。

「会社をよくするための意見」という観点をずらさない

社会人として自分の意見を言うときに、心がけなければならないことがあります。それは、仕事であなたが述べる意見は、あなた個人の価値観の体現ではない、ということです。あくまで、**あなたというフィルターから見たときに出てきた「社をよくするための一つの方法」**でなければなりません。

いくらなんでもいいと言っても、「個人的にはこっちが好きです」「Ａの商品がわたしは売りやすいです」などといった、個人の価値観や、それに基づく個人の意見をそのままぶつけるのは、間違いです。もしこれを仕事の場で行えば、価値観・意見がぶつかり合う人から反論され、採用されなかったときに、あなた個人の価値観はとても傷つくでしょう。そうなると、「やはり自分の意見には、自信を持てない」ということが起きてしまいます。

求められているのは、**あなたの個人の価値観ではなく、「社をよくするためにどうしたらいいか」という観点から導かれた意見**です。

そのようなスタンスであれば、「社をよくするための別の意見」があり、その意見が採用されても、それは正しいということになるでしょう。社をよくするという目的では一致しているからです。反対の意見があったとしても個人の価値観のぶつかり合いではありません。自社をよくするための意見であることが前提になるからです。

そうすると、そもそも社のために意見を述べているだけなのですから、あなたの意見が採用されても、同じ社の一部である別の意見が採用されても、それは自信を持てるか、持てないかの問題ではないことがわかるでしょう。**相手の意見の方が「社をよくする」ため**

に説得力があるのであれば、「なるほど。その意見の方がよいな」と思えるはずだからです。

朝まで生テレビで個人の立場で議論をするわけではない以上、職場で働く社会人には、そもそも個人の価値観や個人の本音をぶつける機会はないのです。あくまで「当社をよくするために考えたら、こうなりました」という意見を示せばよいのです。

このような社をよくする立場から考えたパブリックな意見でも、社内で力を持った人や、話が上手で説得力のある先輩の反対意見に潰される可能性はあります。

次に、こうした場面で重要なのは、理論武装です。理論武装とは、ロジックの力です。ロジックとは、論理です。

提案においては、「必要性」と「許容性」という二つの視点を持つことです。

なぜ必要なのか（必要性）だけを強調すると、「それはわかるけれど、現実に実行可能なのですか？」と反論されます。必要な理由を述べるだけでなく、現実に実行可能である（許容性）という視点も述べましょう。

過去の実績、類似商品における他社の実績、予算との関係、数字の問題、他部署との調整、上司から決裁を得る可能性など、企画を通す際に必ずクリアすべきものがあります。

これらは、それぞれの会社や部署ごとに独特のポイントがあるはずです。それらの一つひとつも十分にクリアできることを、順序立てて説明するのです。これが、許容性です。

自分の意見を通すことが目的ではない

最後に、**そもそも「どんなことにも、両論ある」ということを知っておくことも大事**です。そうすれば、自分の立場が「絶対に正しい」という発想にはならなくなります。そして、相手の立場なら、どんなことを言ってくるだろうかと事前に予測し、その相手の立場を自分の立場から反論していくためには何を指摘したらよいかも考えることができるようになります。

論理で相手を説得するためには、ディベートの技術が参考になります。ディベートは、ある特定のテーマの是非について、賛成・反対の立場に分れて、第三者を説得する形で議論を行うゲームです。それらの意見は自己の価値観ではないので、ディベートで鍛えた人は、立場そのものにこだわらなくなり、与えられた立場から論理的に反対の立場の主張を見抜き、的確な反論をすることができるようになります。

相手の立場に立って考えてみることは、とても大事です。反対説にも説得力がある部分があるはずです。そこは尊重しながらも、反対説の弱い部分も考えてみるのです。

この際、自説はあくまで社のためです。そうすると、自説から反対説を潰してやろう、という発想ではなくなります。**相手の価値観を潰すためではなく、「社のために」、論理的にそれぞれの意見の正当性を分析していけるようになれば、あなたはきっと評価されるでしょう。**

そうなれば、「自分の考えに自信が持てない」という状況はなくなります。議論もおもしろくなるでしょう。相手も、同じ「社のために」意見を提示している同志だとわかるからです。

POINT

自分の意見≠自分の価値観。
自社の利益のために議論する。

25

自分なりの仕事観と人生観を育む技術

先輩や上司から最大限学びたいと思いますが、影響を受けすぎているような気がします。適切に付き合うにはどうしたらいいですか?

まじめな人ほど、特に若いうちは、仕事の場で交わされる話や考え方に、人生そのものが染められてしまうことがあります。

社会人としての生活をスタートさせ、これまで経験してこなかった仕事を初めてするのですから、これまでと異なる考え方、その業界、職場の仕事のあり方を、しっかりと理解し、これに自分を適応させていくことは重要です。

仕事観については、上司や先輩の振る舞い方をよくみて、またさまざまな経験や話を聞いて、これを受け入れていくことが大事になるでしょう。学生気分が残っているうちは、幼稚で稚拙な言動をしてしまうことがあると思います。そういったことをたしなめてくれるのは、上司であり、先輩であり、職場の人たちであることは間違いありません。

「仕事観」と「人生観」を分けて考える

しかし、気をつけるべき点もあります。それは、その職場にいる強烈な個性を持った上司や強烈な信念と考え方を持った社長などがいたときに、その「人生観」についてまで染まる必要があるかというと、そうではない点です。「仕事はこうあるべきだ」は、耳が痛いとしても、「良薬は口に苦し」です。よい教えだと受け入れる必要があるでしょう。しかし、「人生はこうあるべきだ」は、その上司や社長個人の人生観に過ぎません。

人生観は人それぞれです。たまたま自分の入った会社の社長や、配属された部署の上司が強固な人生観を持っていて、あなたにも布教してきたとしても、受け流していくほうが賢明です。実際あなたの職場の先輩たちは、みなその場では真剣に聞くふりをしながらも、心のなかでは「異なる人生観」としてきれいにスルーしているはずです。

大事なことは、**「仕事観」と「人生観」は、別のもの**であることを知っておくことです。もちろん、若いうちは身近な先輩の世界観（仕事観だけでなく人生観も含む）をいったん受け入れるというのも、勉強になるでしょう。しかし、人生観についてはある程度分けておかないと、たまたま身近にいた最初の先輩と同じ人生を歩むということになってしまいかねません。

そもそも「他人の人生観」に影響を受けてしまうのは、「自分の人生観」がないからです。若いうちから人生観が固まっている人は、もちろん少ない。そこで、**「仕事観」は職場で磨き、**

「人生観」は職場の経験を軸にしながら、精神的な考え方を別に学ぶのがよいでしょう。

職場以外の人の考え方にたくさん接します。それは、成功した人の自伝、小説、人生論などの本を読むことで、さまざまな考え方を見ることができます。

年をとると自分が強くなり、他者の人生論など読めなくなります。若いうちにさまざまな人生観に触れてください。相対的に人生観は複数あるという事実がまずわかってきます。そのなかで、**自分の考えにマッチした人生観を選択していけばいい**のです。

オンとオフを切り替えることも、充実した毎日を過ごすためには重要になります。そのためには、「截然とモードを分けた週末」を過ごしましょう。「平日の仕事観」と「休日の人生観」を、育むことができます。両者は重なるところもあっても、同じではないことがわかってくるはずです。

POINT

「仕事観」は職場で、「人生観」は複合的に育む。

26

メンターを見つける技術

メンターを持ったほうがよいと本に書いてあったのですが、どこで探せますか？

ビジネス書などを読んでいると、「メンターを探そう」「メンターを持とう」ということがよく書かれていると思います。

「メンター」とは、自分が成長し、高みに到達するために、そこまで歩むべき道のりに光を照らし、そのプロセスを導いてくれるような人のことです。

メンターにふさわしい人が、学生時代の部活動やゼミの恩師、職場の社長や上司などにいるという場合、それはとても恵まれた環境だと思います。その人からさまざまなアドバイスを受け、またときに相談に乗ってもらいながら、毎日を充実したものにしていかれたらよいでしょう。

しかし、「そのような人は、自分の身近にはいない」という場合のほうが、実際には多いでしょう。そうなると、「メンターを見つけるにはどうすればいいだろう？」と考えてしまいますよね。

でも、そもそも「メンターを持つ必要があるのか」については、どちらでもよいことです。**無理にメンターを見つける必要はありません。**変にメンターを探そうなどと思っていると、高額な自己啓発セミナーなどに引っかかってしまったり、あやしい情報商材を購入してお金を散財したりすることになってしまいかねません。心の不安定を見抜かれて宗教などに勧誘され、洗脳されてしまうかもしれません。

その意味で、メンターとは、相手から忍び寄ってくるものではなく、お金を払うものでもなく、**自分から自然と教えを乞いたくなる存在**であることが重要です。

自分から自然と教えを乞いたくなる存在は、身近にいる人でなくてもよいのです。**有名人やスポーツ選手などの著名人で気になった人がいたら、その人の発言や主張をもっと調べてみましょう。**王道は、本を読んでみることです。また、いまやYouTubeで検索すれば、さまざまな人が発信している時代ですから、もっと気軽に動画を見ることもできるでしょう。元野球選手のイチローさんを尊敬しているなら、YouTubeで真剣な人生論を聞くことができます。著名な会社の社長の主張も聞くことができます。

そういったさまざまな身近にはいない人の人生観に接していくなかで、自分に合った考え方をしている尊敬できる人を見つけていけばいいのです。そのときに、「メンターは一人だけ」と考えると、視野が狭くなるおそれがあります。数にも制限をかけず、さまざまな人の発信や本を読むことが大事です。

身近にメンターはいらないと言いましたが、**メンターといえるほどの存在ではなくても、「人生のさまざまな状況において気軽に相談できる人」は、いたほうがよい**でしょう。

これは、利害関係のない人がよいです。職場のことを気軽に相談できるのは、職場に関係のない人の方が安心だからです。大学時代のゼミの先生や親、年の離れた尊敬できる兄姉、あるいは親戚のおじさんおばさんは、あなたのことをよく知っています。相談をすれば、親身になってアドバイスをくれるはずです。

メンターなどとおおげさに考えず、気軽に相談できる利害関係のない人の存在に気づくことからはじめましょう。そして、ＬＩＮＥでもオンラインでも話ができるいま、自宅にいる時間にそのような存在は発見できるのです。

POINT

メンターを大げさに考えず、気軽に相談できる人をつくる。

第3章

効果的にアウトプットする技術

27

上手に話せるようになる技術

会議やプレゼンで上手に話す人に憧れます。コツはありますか？

「上手に話せる」とは、どんな状態でしょうか？　そもそも、あなたが上手だと思う話し方は、どんな話し方でしょうか？

一般の社会人は、お笑い芸人や声優、俳優のような話のプロのレベルを目指す必要はありません。他方で、**仕事で話が上手な人は、必ず一定のテンポとリズムを持っています。**

どんな場面でも、同じようなトーンで、わかりやすく話します。聞いてる人の耳に自然に話が届き、その内容が正確に伝わるような話し方をしているはずです。**必要なのは、自然と話が頭に入る安定感**なのです。

あなたはふだん職場で、自分がどのような話し方をしているか、聞いたことはありますか？　もしなければ、**自分の話している音声を録音もしくは録画して聞いてみましょう。**

自分の声や話し方なんていつも聞いていると思うかもしれませんが、自分が話している状態のとき耳に入る音声情報は、他人が話しているのを聞くのとは少し違った印象になります。録音した音声が、他者からみた「あなたのふだんの話し方」です。

今はスマホの録音メモや動画撮影機能で簡単にできます。アドリブで話して録音してみましょう。そのあとすぐに聞いてみることです。録音を聞いても自分の声だと違和感なく聞こえるくらいになるまで、何度も録音して聞きましょう。自分の話し方を、まずは確認してみるところから始めるのです。

思ったより上手に話せていると思うかもしれません。いや、全然だめだと思う人は、話し慣れていないだけです。

そんなときは、**お風呂でフリートークの練習をしてみましょう**。エコーが効くので、気持ちよく話すことができます。最初は恥ずかしいかもしれませんが、だれも聞いていないので（家族には聞こえるかもしれません）、リラックスできるはずです。

ラジオ番組をイメージしてＭＣとゲストをやってみるのがおすすめです。楽しい雰囲気で話してみると、自分なりのリズムやテンポで安定して話すことができるはずです。

わかりやすい話し方のポイントを挙げてみますので、参考にしてください。

・早口にならない

棒読みもＮＧです。自分で考えながら話す。そのテンポを確認しましょう。

・定番フレーズを練習する

「では、資料の1ページをご覧ください」などの定番フレーズは何度も練習しましょう。

・間をあける

「では、次のページをご覧ください」の後に間をあける。その間がゆとりの表れとなり、話がうまく聞こえます。

・重要な用語や言葉は抑揚をつけて、少しゆっくり話す

お手本にするなら、人気YouTuberのようなテンションの高い話し方ではなく、自然な雑談のあるラジオがよいかもしれません。radiko（ラジコ）のアプリをインストールすれば、聞けます。ラジオは、けっこう自由に話してます。日常の自然な会話の仕方が学べます。それを、またお風呂で練習してみる。録音して確認してみる。そうすれば、だんだん慣れて、話すことが怖くなくなるはずです。

POINT

とにかく慣れが大事。恥ずかしがらず練習してみましょう。

28

プレゼンで緊張しない技術

あがらないで、堂々と話せる方法はありますか?

なぜ堂々と話すことができないのでしょう？　その原因の大部分は、準備不足です。**十分に準備ができていないので、内容に自信が持てない**。何か指摘されたり、質問されたりしたらどうしよう。うまく答えられる自信が持てないと、質問をされたくないので、早口になったり、わざとわかりにくく話したりしてしまいがちです。当然、視線は揺れ、手足は震え、声も震えてしまうのでしょう。これは、早く終えたいと思っている心理の表れです。報告内容を聞き手に伝えたいという心理状況にはないのです。

話すまえに、十分に準備をしていれば、そのようなことはなくなります。どんな質問がくるか、どんな指摘がされるかを、先回りして想定し、準備しておきましょう。

会議で話す前日までに家で練習しましょう。堂々と話せるようになるまで、徹底的に準備するのです。

1　ストップウオッチで時間を計る

持ち時間は5分でしょうか？　10分でしょうか？　それとも20分以上でしょうか？

練習のときは、時間を意識することが大切です。持ち時間は10分なのに、実際に計りながら話すと、25分になってしまうかもしれません。

その場合、10分で話すためには、どうしたらいいかを考えてみます。そうすると、「ここで余計な脱線があったな」「詳細を説明したけど省略しよう」「関連したことに言及するのはやめよう」と、かけるべきブレーキがみえてきます。

練習で時間感覚をつかんでおくと、本番ではゆとりをもって話せるはずです。凝縮されてメリハリのきいた、過不足のない話し方ができるでしょう。

② 内容について改めて確認する

もちろん、最も重要なのは内容です。練習をしていると、「あれ？　これって何だっけ？」「この正確な数字は何だっけ？」「ここは正確に説明できないな」と、内容や理解の不足が明確になります。改めて調べておきましょう。

③ 質問内容を想定する

「自分が話を聞く立場だったら、どんなことを質問するだろう？」と考えてみます。いわゆる想定質問です。その回答も用意しておきます。株主総会で株主の厳しい質問に堂々と答える社長や取締役も、リハーサルで想定質問の回答練習を何度もしています。練習していると、「ああ、あの質問だな」とわかるので、慌てることはありません。

何度も練習をしたあなたは、何を聞かれても大丈夫です。そこにいる一人ひとりの顔を見ながら、ゆとりをもって話すことができるでしょう。終わると、「堂々としていたね」「話すのうまくなったね」というようなことを言ってくれる人が必ず現れます。

その言葉が、あなたの自信になります。そして、いずれそのようなリハーサルなどしなくても、いつでも安定して話せるようになります。

POINT

緊張してしまうのは、準備不足だから。
何度も練習あるのみ。

29

オンライン会議に適応する技術

オンライン会議が苦手なのですが、どうしたらよいですか?

2020年から急速に普及したのが、オンライン会議です。そのオンライン会議が苦手な人がいるかもしれません。

オンライン会議の苦手意識をなくすには、二つの方法があると思います。一つは、通信や音声などの環境の整備。もう一つは、オンラインならではの話し方の習得です。

1 オンライン会議の環境を整備する

適切な環境が整えば、オンライン会議は決してやりにくいものではありません。職場の会議室で多くのメンバーがそろうなかで話すときと違い、自宅でパソコンのまえで緊張感なくリラックスして話せる状況になるはずだからです。

「適切な環境」とは、どのようなものがあるでしょうか。基本的なところでは、Wi-Fiなどの通信環境の整備や、マイク音量を適切に設定するなどがあります。スピーカービューやサムネイルビューはカスタマイズできるので、自分が話しやすい画面環境を設定しておきましょう。

どのようなマイクを使うか、ということは意外に重要です。会議室では「声が小さい」と言われてしまう人でも、オンライン会議では、音声の調整さえしておけば問題ありません。マイクがしっかりと、あなたの声を届けてくれるからです。逆にいえば、**オンライン会議ではマイクと友達になることが重要**です。

どんなマイクを使うかで、音質、伝わり方、雑音の入り方なども大きく変わります。複数の選択肢を用意し、それぞれのマイクで「一人オンライン会議」を録画し、どのマイクが最適か比べてみましょう。セミナーのように長時間話をして収録するような場合には、高音質の外づけマイクがよいと思います。会議で必要に応じて話すくらいの場合には、音質にこだわる必要はありません。聞く場面が多いときは、音声が聞きやすく、気軽に話せるマイク内蔵イヤフォンがやりやすいでしょう。

② オンライン会議ならではの話し方を習得する

オンライン会議の進め方は、それぞれの会社や職場によってルールがあるかもしれませんので、もしある場合は、それに従ってください。しかし多くの場合、それほど明確なルールはなく、自然と会議が進んでいきます。

発言する場合に、どのようなタイミングで入ればよいかで悩む方もいるようです。「○○です。よろしいでしょうか？」と、名前を述べて、発言を宣言するのが一般的です（ミュートの解除を忘れずに)。リアルの会議ではあまりない発言方法ですが、オンライン会議では入りやすいオーソドックスな方法でしょう。

また、**できる限り端的に話すこと**も大事です。質問があれば、「教えていただきたい点があります」「わからない点があります」と、端的に聞きます。提案がある場合は、「こういうのでは、いかがでしょうか?」と、提案があることを、端的に伝えます。ポイントは、発言の最初に、短いフレーズを有効活用することです。

対面の会議と違い、雰囲気で「あ、この人発言したそうだな」「質問がありそうな顔をしている」などということを、オンラインでは察してもらうことができません。言葉で確実に伝えることが重要なのです。

POINT

環境を整備し、ルールがわかれば、オンライン会議は怖くない。

30

マイクを効果的に使う技術

プレゼンなどでマイクを使うのが苦手です。何かよい方法はありますか?

プレゼンをするときに、マイクを使用しなければならない場合もあるでしょう。社内で行う会議でも、関係者が多いため、マイクの使用が必須である会社もあるでしょう。

マイクが苦手だという人もいるかもしれませんが、さまざまな理由で、必要な場合があります。

たとえば、録音して逐語で会議録をつくる必要がある場合、マイクを使用しないと録音されず、作成者は困るでしょう。また、何かの必要があって映像を録画している場合も、人の発言がマイクからのみ収音されている場合があります。この場合も、マイクを使って発言された内容のみが録画されることになるため、マイクを使用することが必須になります。

録音や録画のない場合でも、マイクの使用が求められる場合があります。プレゼンでも、会議でも、大きめの部屋を使用している場合や、列席者が多い場合にはマイクが使われます。大事なことは、「あなたが、どのように話したいか」ではありません。**「あなたの話す声が、参加者にどのように聴こえるか」が重要**なのです。

広めの会議室などでは、参加者のだれもが、発言者の声をストレスなく聞くことができる環境を保つために、マイクは使われます。年齢が高いメンバーが集まる場では、マイクのない地声では聞き取りにくくストレスになるという人がいる場合もあります。

なぜマイクがその場で求められているかの意味を、改めて認識しておきましょう。マイクが置かれている会議やプレゼンは、マイクを使うことが「聞く側の立場」から求められているということです。

オンライン会議のマイクと違って、部屋でのマイクの使用は、その場でどのような音声として聴衆に伝わっているかという、現場のスピーカー音の状況が重要です。100人を超える広めの部屋でマイクを使って話す場合には、後ろの人にきちんと声が届いているかを確認することも怠らないようにしましょう。

広めの部屋でプレゼンや報告をするのに、主催者から「マイクはどちらでもよいです」と言われたり、求めないとマイクが用意されない場合もあります。このようなときも、聞き手のことを考えれば、マイクを使用する選択をした方が賢明です。

迷うときは、マイクを使うようにしましょう。明瞭に聴き取れる方が、あなたの話にも迫力が生じてプラスです。中途半端な広さの部屋で迷って、マイクなしで話したために、あなたの声が後ろには届きにくくなると、声が小さい人の印象だけが残り、内容が届かないということも起き得ます。

マイクの使用は、社会人の伝達手段として重要なのです。

POINT

マイクは、聞く側の利便性を考えて使う。

31

文章作成を雑談感覚で行う技術

文章を書くことが苦手なのですが、何を工夫したら上手になりますか？

「話すことが苦手」な人がいるのと同じように、「書くことが苦手」な人もいます。「両方が苦手」な人もいるかもしれませんが、「両方が得意」な人はなかなかいないようです。もちろん、両方できる人はいます。ただ、そういう人でも、相対的にもともと自信のある方が勝り、そうでない方は苦手だという自己認識が起きるからでしょう。

「話すことが苦手」な人は、どちらかといえば「書くことは得意」という場合が多いです。逆に「書くことが苦手」な人は、「話すことは得意」ということが多いと思います。

どちらかはそれなりに得意だけど、どちらかは苦手だと思っている人が多いのは、**話すことと書くことは、「異なる技術」を必要とする**からです。話し方については、すでにこれまでお話をしてきました。書き方については、話し方とは少し違う観点が必要になります。

書くことは「推敲」すること

まず、**文章を書くことは、話すのと違い、何度でも直すことが前提**になっています。話すことと違い、文章を書くことは「一発勝負ではない」のです。

「一発勝負」でけりがつく話が得意な人は、文章を書くときも、同じように「一発勝負」で乗り切ろうとしている可能性があります。それで「書くのはなあ……」となるのです。

書くことが得意な人は、「文章を推敲すること」が得意なので、話すときに「一発勝負」であることが、プレッシャーになっている可能性があります。

両方が得意な人は、話すときは「一発勝負」であることを自覚し、書くときは「推敲の勝負」であることの違いをわかっています。それぞれ異なる意識と技術が必要になるので、それがわかれば、両方が得意になることは可能です。

話し方についてはすでにお話ししたので、ここからは書き方のポイントを挙げます。

① ビジネス文書は正しく簡潔に

仕事で文章を書く際には、文法が正しいことは大前提として、言葉選びも適切に行う必要があります。日本語の場合、漢字、ひらがな、カタカナ、最近多い日本語の一部として使われるアルファベット（GAFAなど）、これらの取捨選択も大事です。ナンバリングや、見出し、小見出しのつけ方も読みやすさに大きな影響を及ぼします。

また、簡潔であることも重要です。同じ内容でも長く書こうと思えば、いくらでも長くできます。たとえば、「文章を書くということは」の主語は、「文章を書くことは」でも通じます。「書くことは」と表記しても、同じです。反対に、この主語のまえに、「そもそも、文章を書くということは」という接続詞をつけることもできます。でも、ビジネス文書なら、「文章とは」「書くことは」を選択するのが正解なのです。

2 ビジネス文書に個性はいらない

仕事で書く文章には、議事録、報告書、企画書など、さまざまな種類があります。これらは、職場で一般的に使われているフォーマットがあるでしょう。それらのフォーマットを意識して書くことは当然になります。仕事の文章は芸術作品ではないので、あらたなフォーマットは求められていないからです。

作家の小説や物語や著作と違い、個性は求められていません。基本的には、無署名の文章が多いです。署名つきでも、作成者の個性があることは求められないでしょう。『鬼滅の刃』の吾峠呼世晴、『騎士団長殺し』の村上春樹と違い、あくまで「文責としての署名」に過ぎません。

ビジネス文章は、だれが書いても、その書き手の個性は出ない書きぶりになっているはずです。職場で毎日読む文章を、思い出してみてください。もし、「これは○○さんだよな」というのがあるとすれば、たどたどしい文章しか書けない新人の場合でしょう。個性がでてしまうことが、仕事の文章ではマイナスなのです。

3 何度も読み返して推敲する

繰り返しになりますが、書くことが苦手な人は、書くときには「話すときとは違う工夫」が必要になることを意識しましょう。「一発勝負」ではないことも、違いとして明確に認識しましょう。

書いたものは、何度でも書き直すことができる。逆に、見直しや推敲をしていない文章は、洗練されたものとみなされません。パソコンの画面で何度も推敲したら、紙にプリントアウトしましょう。それを読み直すと、きっといくつかの誤字脱字に気づくはずです。修正しましょう。パソコン画面は「書き手」の視点でしか見られませんが、紙で読めば「読み手」の視点でチェックができます。

話すときは、言い間違えても気になりません。しかし、会議で配布される文章に誤字脱字が散見されれば、いい加減につくられたと思われてしまいます。書くときには、こうした「一発勝負」ではない意識をもち、「読み直す」作業を入れることが重要なのです。

POINT

文章は推敲することが大前提。

32

メールの文章をすっきり端的にする技術

ダラダラ書いて要領を得ないメールになります。改善策はありますか？

メールの文章を簡潔に書く方法はあります。メール文もこれまでお話しした文章と同じです。推敲すること、見直しをすることが不可欠になります。送信するまえに、必ずもう一度、書いた文章を読み直します。誤字脱字がないか、などをチェックすることはもちろん必要です。

100から60まで削る

メールの文章をいきなり簡潔に書こうとしても、うまくいきません。ダラダラ書いてしまうのは仕方がないと思って割り切り、まずは書いてみましょう。そして、最初の文章を100とすれば、最終的には60に抑えます。**100を推敲して、60まで削る**のです。

その削る40の部分を最初から書かずに、いきなり60を書けるとは思わないほうがよいです。最初はダラダラ書いてしまってよいのです。書いた100を60まで削ることを前提に、まずは自由に書きましょう。そうすれば、**要領を得ないメールを書いてしまう苦手意識はなくなり、「推敲すればよいのだ」という方法論への意識にシフトできます。**

では、どうしたら「60にする」ことができるでしょうか？　コツを紹介しましょう。

①目的を明確にする

ビジネス文書は、基本的には報告文書か、回答文書かのどちらかでしょう。まずは、**その文書における「目的は何なのか？」を、明確にする**ことです。

報告メールの場合、報告内容（要旨・要点）は何なのかを考えます。報告内容が3点ある場合には、その3点については、番号をつけて整理しましょう。また、「ご報告が3点あります」と最初に要点を書けば、相手も「3点だな」と思って読み進めることができます。

回答メールの場合は、問われた点に端的に回答しましょう。また、それに補足して説明すべきことがあれば、それは「補足」であることを明記して、付随的に書きましょう。最後に、「なお、」という接続詞などを使って、端的に沿えればよいのです。

②非公式の情報は書かない

話す場合は「非公式の情報」を盛り込んだ方が、スムーズになるでしょう。報告事項や回答事項が主題でも、その背景などの雑談要素や、公にはしにくい「ここだけの話」などを添えることで、目の前にいる人とのコミュニケーションは円滑になるからです。

しかし、メールの場合は、60を１００にする必要はありません。送られたメールの60には、削られた40があることも織り込み済みなのです。メールをもらった上司や先輩は、その40はあとであなたに直接聞いてみようと思うはずです。

読み手の立場で考えても、60を送られた相手はその60を読むだけで、そのメールを処理できます。１００書いてあれば、その人は「プラス40」の読む時間を強いられます。

文章とは、そもそもサービスです。読み手にはあなた以外からもたくさんの仕事のメールが届いています。その「ワン・オブ・ゼム」として読まれることになる、あなたのメールは短くまとめられていることが喜ばれます。

余計な40を書かない理由は、もう一つあります。**話と違って、メールはすべてそのまま残る**からです。税務調査でも社内メールに記載されていた文章が証拠になり、裁判で国側の重要な証拠になる時代です。逆に課税処分を受けた企業側の主張を裏付ける証拠になる場合もあります。有利不利の観点は、紛争が起きてから気づくものですし、上の立場の人間が配慮すべき点でしょう。

税務調査に限らず、法的問題点や社内問題が生じたときに、メール文章が過去の伝達記録（事実経過の資料）として証拠になることはあります。その意味でも、話すときより抑制して「40を削る」姿勢をもっておいた方が賢明です。結果的に、抑制のきいたガードのかたい文章になります。


メールは送信するまえに、必ず読み直しましょう。最初に書いた文章を見直し、最低限の情報になるまで削りましょう。

情報量が多い場合、長いメールになることはあるでしょう。その場合でも、必要な情報にとどめ、余計なことの記載はしないのが基本です。

でも、最初から簡潔に書くのは難しいので、最初はその余計な記載を書いてもいいので、推敲するときに削れるべき「40」になればよいのです。

重複している部分は削除します。口頭で伝えればよい非公式情報や、雑談的な部分、あなた個人の感想があれば、そこも削除しましょう。

メールの文書は、100を60にする作業を通じて、簡潔なものにしていきます。最初から一発勝負で60書こうとは思わないことです。

そうすれば、いずれ最初から60の文章が書けるようになります。メール文章は「意識」と「作業」で簡潔になるのです。

POINT

メールを見直して、4割削る。

33

書くスピードを上げる技術

文章を書く前に構成メモを書いたり、準備をしたりしたほうがよいのでしょうか？

ビジネス文章は、簡潔で正確であることが大事だと述べてきました。もう一つ重要なのは、その伝達・共有のスピードです。**文章の作成は、できる限り時間をかけないことが求められている**のです。

新しい概念を提唱する論文を執筆するとなれば、論理的に適切な順序で、ボリュームある作品を完成させる必要があります。思いつきで書き始めるべきではなく、そのテーマを熟成させ、構成の大枠を考え、その細部の展開の方法も、事前に入念に考える必要があります。構成をまずはつくることが、論文執筆の原則です。

同じように、それなりのボリュームがあり、複数の事項を順序だてて説明することが必要なビジネス文書を作成する場合は、何をどのような順番で書くかのイメージはもっておいたほうがよいでしょう。

ただ、仕事で日常的に作成する文章、たとえば企画書や報告書などは、その文章がいつ、相手に届くか、つまりスピードのほうが重要です。情報の伝達と共有が目的だからです。文章が審査の対象になるわけではないので、作品として非の打ちどころがないほどに整っている必要はありません。学生時代に卒論に打ち込み、レポート提出も完璧を自らに課していたまじめな人ほど、この点の切り替えが必要になるでしょう。

メモや下書きを書く必要はありません。ただ、いきなり書き始めると、若いうちは慣れずにうまく書けないこともあるでしょう。

作成すべき原稿データに（簡単でよいので）直接項目を書きましょう。原稿データにメモを書いてしまえば、あとは項目を見ながら書けます。パソコンは、何度でも書き直しができます。後の方に書いていたものを先にもってくるなどの文章の場所の入れ替えも、コピー＆ペースト（コピペ）で簡単にできます。パソコンの利点を最大限に使い、できる限り短時間で文書を作成することを心がけましょう。

次に、速く書くために準備すべきことは何でしょう？　参照すべき資料や引用すべき資料、スケジュール作成に必要な詳細な日時などの情報が必要になると思います。人の名前や、商品名、プロジェクト名などの固有名詞も正確に記載することが求められます。

オンライン環境が整備されていれば、文章を書きながら必要な情報を同時にパソコン上で検索して引用していきましょう（書く・調べるの同時作業）。これが最も効率的です。これは書き方の姿勢やクセにもよるので、両者を分けてやりがちな習慣がある人は、同時に行う方法を試してみましょう。その方が素早く作成できることがわかると思います。

ネット環境がよくなかったり資料にアクセスできなかったりして、書く・調べるが同時にできない場合の方法は、二つあります。一つは、手元に資料を集めてから、文章を作成する方法です。もう一つはまずは書いてしまう方法です。引用・参照すべき資料などの欠落部分は空白にし、あとで調べて補充します。

大事なことは、**どうしたら最も速く書けるか**です。あなたがどうしたら書きやすいかではありません。

メモや準備で悩む必要はありません。できる限り短時間で、効率よく書ける方法を模索しましょう。

POINT

日常的な文書は、完成度よりスピードを優先する。

34

読み手に信頼と安心を与える
文章形式の技術

文章の形式ばかりを注意されますが、内容のほうが大事なのではないでしょうか？

就職活動の面接を思い出しましょう。「中身が大事なのでね」と、あなたは寝ぐせ満開の髪型で面接にのぞんだでしょうか。シャツはパンツからはみだし、ほどけた靴紐そのままで、面接を受けたでしょうか。身だしなみは、面接のときだけの問題ではありません。

内容が大事なことはもちろんですが、社会人になると、それ以上に形式が重要になる場面が多くなります。特に文章では、形式面がとても重要であることを認識すべきです。

形式面とは、見た目です。外形といってもいいでしょう。**外形が整っていない文章は、仕事の文章として成立していません。**品質が整っていない不良品といってもよいでしょう。

たとえば、年月日が書いていない。部署名が書いていない。見出しがない。ページ番号がない。固有名詞が間違っている。請求書の金額が一桁間違っている。請求書の宛名に別の会社名が書いてある。会社名の前株と後株を間違えている。このような文章を見たとき、あなたは中身がしっかりしていれば「別に問題はない」と考えるでしょうか。

請求書、納品書、議事録、報告書の作成などを考えれば、仕事の文書は形式が重要であることがわかるでしょう。形式は１００％正しい必要があり、少しであっても間違えてはいけないこともわかると思います。もちろん、企画書や提案書を作成する場合は、内容も大事になるでしょう。しかし、同時に形式がまず重要であることは変わりません。

チームでの共同作業であれば、内容はチームで検討済みで、あなたはその文章の作成を担っている場合も多いでしょう。あなたの仕事は、**正確に、間違いなく、形式に落とし込むこと**なのです。

請求書の宛名を間違えるなど、あってはならないことです。会社名も人名も、漢字も含めて絶対に間違えてはいけないものです。間違えれば、相手は軽んじられていると感じ、あなたの会社は信用を失います。取引が停止されれば、会社に損失が生じます。

30ページもある報告書にページ番号がなければ、上司が説明する際に「では、◯ページを見てください」と言えません。あなたは上司に「では、前から数えて22枚目をめくってください」と言わせるのでしょうか。

番号が適切に揃っているか、年月日が正確に記載されているか、ページ番号がきちんと振られているか、商品名や型番などの固有名詞や数字情報が正確になっているかなどは、入念な見直しと確認が必要な重要情報です。

先輩はミスがないよう常に留意して作成し、見直しを何度もしています。どうして、あなただけ、重要な確認作業を怠ってよいのでしょうか。むしろ「○○さんなら、安心だ」と信頼されるくらいに、形式面が完璧になるよう心掛けるべきでしょう。

形式は身だしなみと言いましたが、注意して何度も確認すればよいことなので、アイデアや企画力がなくてもできます。その文章の品質が、あなたの評価にもつながります。

形式を整えることは、仕事を誠実にしているかどうかの表れなのです。「文章は形式が命だ」と思うくらいに、入念にチェックしましょう。よく間違えるもの、忘れがちなものほど、あなた固有の注意点になります。文章のチェックリストを自分のなかで常に更新し、それを毎回みるようにしましょう。

そうしたら、形式面という言葉の意味がこれまでとまったくことなり、極めて重要なものという価値ある言葉にみえてくるはずです。

POINT

形式は100%正しい必要がある。

35

センスを感じさせる文章執筆の技術

できる上司は文章が簡潔です。文章力はセンスでしょうか？

仕事の文章における「センス」とは、簡潔な文章が書けることです。決して個性的でユニークな言い回しをすることではありません。簡潔な文章にするために、これまで、個性はいらない、余計なことを書かない、形式を整えるなどをお伝えしてきました。

もう少し詳細なテクニックについて、ここではお伝えしましょう。

1 主語を書かない

ほとんどの仕事の文書は個人文章ではなく、会社や部署名義で作成されます。ですから、「わたしは」という個人の主語は記載しません。「そこで、次の提案をいたします」「したがって、以下の企画案を作成した」と記載しても、「そこで、僕は次の提案をいたします」「したがって、わたしは以下の企画案を作成した」という文章はないでしょう。

2 「○○ということ」を使わない

「○○というものは」「○○ということなのです」「○○というわけです」という記載は、なくても意味が通じることがほとんどです。この3つの例を順番にみると、「○○とは」「○○です」「○○です」で十分です。

③ 無意味な形容詞を使わない

形容詞などで誇張する表現も削除します。「とても」とか「すごく」は話し言葉なので使わないほうがよいでしょう。「とても期待します」「すごくよい商品です」というのは、何も言っていないのと同じですよね。「非常に」「大変」などの内容に具体性のない装飾文字は、気をつけないと使いがちです。こうした形容詞、装飾文字も避けましょう。

具体性が求められるビジネス文書では、客観的な数字を記載すべきです。「この商品はとにかく売れ行きがすごく、非常に売れているというほかない」ではなく、「本商品の発行部数は、累計30万部を突破した」と書くべきですし、「このサービスはどういうわけか不思議と大変人気であることは否定できない」ではなく、「本サービスの年間契約数は、3000件を超えた」と記載すべきです。

「どんどん」「ものすごく」「とにかく」などの言葉は、会話では使うでしょう。しかし、簡潔に要点のみ記載すべきビジネス文書では、抑制的になる必要があります。

④ 重複箇所を削除する

内容的な重複も避けるべきです。最初に書いてあったことが、なかごろに出てきて、最後にまた出てくる。ありがちですが、一度書けばよいことでしょう。見直しをするときには、重複箇所を探します。そして見つけたら、削除します。

「そっけない」と思われるくらいの簡潔な文章が、仕事では求められます。ひたすら見直し、点検・削除を繰り返すことが「センスある文章」への近道なのです。

POINT

仕事の文章は、短ければ短いほどよい。

第4章

成長し続ける社会人の習慣

36

情報源を単一化させない習慣

「新聞は複数紙を常に読むべき」

という人がいます。

何紙読むのがよいのでしょうか？

新聞は1紙ではなく、複数を読んだ方がいい。そう言われることがあると思います。しかし、報道関係の仕事についているのでない限り、忙しい毎日のなかで新聞を大量に読み続けることは困難でしょう。

大学の先生や、ビジネス書の著者、経営者には、毎日新聞を複数紙読むのは当然だと言う人がいるかもしれません。

彼ら彼女らは、それも仕事の一部になっている点を見逃してはいけません。専門家は社会に存在する問題を、幅広く観察することが必要です。ビジネス書の著者は物事の考え方を論じるにあたっても、時事情報を常時仕入れていることがネタになります。経営者は、世の動向に敏感である必要があります。従業員と異なり、全社的な立場での俯瞰が必要です。対外的にも会社のトップとして、他社や世間に広く自社をアピールして営業していく必要があるため、旬な情報を得続けることが仕事の幹になっています。

とはいえ、**一般の社会人にとっては、必ずしも必要な習慣ではありません。**

しかし、一度は複数紙に目を通しておく経験は必要です。

それは、**新聞社が掲げる主義主張がそれぞれでかなり異なる**からです。各紙自社の掲げる理念と考え方に沿って、紙面はつくられ、報道がなされています。

日経新聞のように、経済事象を中心に扱う新聞であれば、そのスタンスは対象という点ですでに明瞭です。しかし、そうでない社会一般を対象にしている一般紙の場合、政治的なスタンスがあり、紙面の構成（どのニュースをどれくらいのボリュームで報道するかなど）や、報道のスタンス（政治に対する姿勢）に大きな違いが表われます。

実感として知るには、「ホテルの朝」がよいでしょう。朝食を食べるレストラン入口のソファ近くや、ロビーにある複数の新聞を手にとって読んでみるのです。ホテルに泊まらなくても、図書館に行くことでもこのような体験はできます。社内に複数の新聞が取られている場合もあると思います。その場合、そのスペースに行ってみることもよいでしょう。ただ、あえて図書館に行ったり、社内で長時間新聞を広げて読んだりする時間をとることは、忙しくてむずかしいでしょう。

その意味でも、くつろいで時間を過ごすことができるホテルに泊まった朝のロビーが、よい環境になります。仕事からの解放感もあると思います。仮に出張で泊まったホテルだとしても、日常とは違う新鮮な朝を迎えているはずです。日常とは違う感覚で、くつろいで新聞を読むことができるでしょう。

その際、ふだん購読していない新聞をいくつか読んでみるのです。その場で複数読み比べれば、たとえば一面をみるだけでも、同じニュースでも扱い方が違うことがわかるでしょう。

たくさんの新聞を毎日読み続ける必要はありません。**新聞には偏りがあることを、肌感覚として知っておく**ことに意味があるのです。今やニュースはインターネットで見る人のほうが多いかもしれません。定期購読する新聞の数には、かつてほど大きな意味はなくなりました。そういう観点からみると、社会人の場合、共通情報にもなる日経新聞は情報収集の手段として一般的でしょう。それ以外の一般紙については、好みのものを読めばよいと思います。知っておくべきは、偏りがあるという前提です。

その新聞の思想に賛同するかはその人の自由ですが、**客観的にみてどういう偏りがあるかは認識しておく**ことが重要です。それがわかれば、どの点が他紙より強調されているかもわかるようになるでしょう。それを織り込み済みで読めばよいのです。

一般紙だけでなく専門紙を読む

一般紙を複数購読して読むとなれば、若いあなたにとって金銭的な負担になると思います。ネット情報で多くが得られることを踏まえても、社会人の毎日がとても忙しいことを考えても、何紙も定期購読したところで、読み込む時間はないでしょう。

むしろ、日刊紙を読む以外に、**専門紙も読んでいることの方が重要**です。業界の専門紙がいろいろあるはずです。雑誌については、あとでお話ししますが、業界にある新聞を読んでいると、業界固有のトピックスが日常的に入ってくるようになります。これが重要な情報源になるでしょう。

社会人は他人と同じ「共通項」を整えることがまずは大事ですが、他人があまり触れてない情報を専門誌から得る日常を手に入れることで「差別化」を図ることができます。同世代には少なくても、上の人をみたら、きっと多くの人が専門情報を日常的にみる習慣をもっているはずです。

少し背伸びをしてでも、こうした専門紙を読む習慣も取り入れてみましょう。お金を払って定期購読できなくても、社内などのオープンスペースにこうした情報紙が置かれている場所があるはずです。それを活用してみましょう。

お金をかけなくても情報が得やすい今日では、あなたの上司や先輩が若いころにお金をかけて情報を得ていたときよりもはるかに多くの情報を無料で得ることができます。こうした情報収集の方法については、このあとお話をしたいと思います。

POINT

一般紙を毎日複数読む必要はない。
一般紙と専門紙を読む習慣を身につけよう。

37

できる人の情報源を体得する習慣

仕事ができる人は、どこから情報を得ているのでしょうか？

仕事のアイデアは、どこに転がっているかわかりません。ツイッターや専門紙、メルマガなどの活用方法については、すでにお伝えしたとおりです。

ここでは、**「人」とつながって情報を得る習慣**をお伝えしましょう。

さまざまなコンテンツからも情報を得ることはできますが、あなただけに発信されるものではありません。フォロー・登録・購読している人も、あなたと同じ情報を得ています。情報を得ていない人もいるので、こうした媒体から情報を得ることはもちろん重要です。しかし、発信される情報は、文章を通じて受け手にそのまま伝わります。同じ情報の受け手との間では、差別化はできません。

人が人に伝える「旬な情報」は、文章化されていません。「昨日○○さんから聞いたんだけどね」と、即時性をもって「話」として情報が入ってきます。

こうした情報が入ってくる環境に身を置くためには、**社内にいる上司や先輩の存在を大切にする**ことです。社外にいる重要人物にもアンテナを張り、親しくなれるように接点をみつけることも重要になるでしょう。入社して間もないころは、社内の仕事で精いっぱいだと思います。しかし、ある程度慣れてきたら、社外にも目を向けましょう。

どの業界にも、同業種の社外の集まりや交流があると思います。そういう場に顔を出して、社外に知り合いをつくると、一挙に視野が広がるでしょう。社のフィルターを通さない客観的なものが、旬な情報として来るようになります。

さらに広げて異業種の人とのつながりもあると、より広範な情報が入るようになるでしょう。異業種交流会というのが流行った時代があります。これらはそうした目的があったのですが、これらにハマりすぎると目の前の仕事をおろそかにする危険もあります。

プライオリティ（優先順位）の第一位は、まず仕事です。しかし、仕事を円滑に行い、アイデアがひらめきやすい環境を整えることも重要です。

そして、**情報はあくまで手段である**ことは認識しておきましょう。情報が自己目的化すると、「情報に詳しいだけの人」「うわさ話が好きな人」になってしまいます。「仕事をさぼって社外の人と交流している人」では、困りますよね。

ＳＮＳや雑誌などの手段を活用することを基本とし、あとは身の回りにいる「人の情報」を敏感にキャッチしましょう。そのためには、周りの人の話をよく聞くことです。

これらの周辺情報が得やすい環境を整えることを前提に、さらに重要なことは何でしょうか？　それは知りたいことがあったときに、**「すぐに聞ける人との関係」をつくっておく**ことです。これは、異業種交流会に参加すれば得られるものではありません。

仕事をする上でも、社外の人と接する機会は多くあると思います。プライベートな時間でも、人と接する機会はあるでしょう。そうした自然な出会いのあった人が、どんな人であるかを日ごろからよく知っておくことです。業界とは関係のない人が、いつ仕事で重要人物になるとも限りません。医療ならAさん、不動産ならBさん、金融ならCさん……など、ゆるいつながりがあれば、知りたいことができたときに聞くことができます。

知りたいことができたときに、すぐにだれかに聞ける。こうした関係を広くつくることで、貴重な情報は得られるのです。

POINT

差別化するための情報は、「人」から聞く情報。
普段から周りを大切にし、社内外の人と接する習慣をつくる。

38

小説やエッセイから毎日の活力を得る習慣

小説やエッセイを読む意味はありますか?

創作や人の雑感などビジネスには関係ないと思うのですが。

学生で読書が好きという人は、たいてい小説が好きということが多いでしょう。社会人になったらビジネス書を読まなければならないと言われるので、小説やエッセイを読むのは無駄なのかと思われるかもしれません。

たしかに、小説やエッセイが仕事に直結するかというと、必ずしもそうではないでしょう。池井戸潤、松本清張、山崎豊子の作品などのように、そもそもビジネスのさまざまな世界を扱った小説もあります。小説の舞台がビジネスを描いていれば、この点で仕事にそのままつながる面があるかもしれません。

小説でもエッセイでも、ビジネスに関する話題が中心の本であれば、意味があると思われるかもしれません。たとえば、大企業の創業者や経営者のエッセイであれば、仕事に関係することが明確でしょう。

しかし、**仕事に直接関係ない小説やエッセイでも、日常的に読む習慣がある人とそうでない人とで、仕事の「深さ」には影響が出る**ものです。

小説には、そもそも人間が描かれています。エッセイにも、人の日常が描かれています。両者を通じて描かれているのは、人の生き方です。社会人の仕事は、人生の多くの時間を占めます。そうすると、「仕事自体が、そもそも人の生き方そのものである」ということもできます。

人の生き方というものを考えると、その前提になる考え方が大きな要素を持つことになります。人生哲学のようなものですが、特に重たいものである必要はありません。どこかのカリスマが教えるような、絶対的な教えである必要もありません。

小説の物語に出てくるような平凡な生活を送る主人公や登場人物の生き方や考え方が、仕事の大きなヒントになるということはあります。

著者がビジネスに携わっている人ではなくても、読んでいたエッセイの1文、1行、ワンフレーズに、あなたがハッとする言葉が見つかるかもしれません。

他者の感覚に触れ、思考や人生の幅が広がる

こうした人間の機微に触れる瞬間を、読書の習慣を通じて持っている人は、仕事においても鋭敏な感覚を持つことができるようになるでしょう。ビジネスは、人の感覚がつくるものだからです。

欲しい商品やサービスは何かを考えれば、すべては人の欲求・感情から始まっています。それらの機微が小説やエッセイを読むことでより敏感にわかるようになります。少なくとも、自分の感覚だけでなく、他者の感覚もわかるようになります。

こうして**読書をする習慣のある人は、その読書の対象がビジネスを扱ったものでなかったとしても、他者の生き方・考え方に日常的に触れる**ことになります。そして、自分軸ではないさまざまな著者の軸から書かれたものに触れることになり、**思考の幅、人生の幅が広くなります**。それは、ひいては、ビジネスや仕事のアイデアにもつながっていくでしょう。

新商品を企画しなければならない。提案書を起案しなければならない。職場環境をよりよくするためのアイデアを出さなければならない。仕事をしていると、ルーティンの事務処理をするだけでなく、こうしたクリエイティブな企画・立案が必要になる場面もあるでしょう。特に、入社して間もないころは、「若い人の新鮮な感覚で」などと、積極態に提案を求められるかもしれません。

「アイデアとは、既存の概念の組み合わせである」とは、ジェームズ・W・ヤングの言葉です（『アイデアのつくり方』〔CCCメディアハウス〕）。あなたの業界に「新しい組み合わせ」をもたらすためには、業界の外にある「日常の感覚」が鍵を握ります。

プライベートな個人の体験・経験でも、もちろん役立つでしょう。ただ、それは「自分の軸」だけからみたものです。小説やエッセイは「他者の軸」で書かれています。「他者の軸」に共感したあなたがいれば、その感覚は「自分の軸」からも「他者の軸」からも求められている「大きなニーズ」といえるでしょう。

この感覚は、日常体験に小説やエッセイの読書が付加されることでみえてきます。

そのために読書をするのではありません。読書は楽しむためにすればよいのですが、**ジャンルを問わない読書をしていると人生の幅が広がります。そして、結果として、仕事にも深みが出るようになるのです。**

小説もエッセイも、自分とは違う考え方に触れる機会にもなります。さまざまな考え方があることがわかり、それぞれどんな価値観に基づいているかもわかるようになります。こうして、広い視野が得られます。

POINT

小説やエッセイを読む習慣は、仕事や人生に深さと幅をもたらす。

39

ビジネス書の知的教養を軽視しない習慣

仕事でビジネス書の話が
よく出てきて困ります。
忙しくても読むべきですか?

分厚いビジネス書が、書店に行くとたくさんありますよね。『マネジメント』（ダイヤモンド社）、『ビジョナリー・カンパニー』（日経BP社）などのロングセラーの古典的名著のほか、年々新しいものも発売されています。
近年は海外の翻訳書が分厚い書物として発売され、ビジネス書の中心は「世界の最新の知見」の伝達にシフトしてきました。「人生100年時代」とは、この数年聞くようになった言葉です。これは『ライフシフト』（東洋経済新報社）が、その底本になっていました。

若い人は、「最新の知見」を学生時代に十分に得てきたばかりの世代です。学生時代に講義などでよく耳にした「シンギュラリティ」「AI」「SDGS」などを、あなたはごく当たり前の言葉として知っているでしょう。しかし、それらの言葉は（AIは以前からありましたが）、あなたの上司が社会に出るまえには流布していませんでした。上司は社会人になってから、勉強してそれらの用語と意味を学んでいることになります。

数年もすれば、最新の知見はどんどん新しくなり、変化を遂げていきます。学生時代に学んだことだけでは、ついていけなくなる。そんな時代が、あなたにもすぐにやってきます。社会人として数年たち仕事に慣れてくると、「仕事には詳しくなったのに、最新の知見には疎い」という現象が起きます。仕事一筋の人ほど、起きやすいです。

社会人になっても学び続ける人が、よい結果を出します。仕事一筋のようにみえて、上司や先輩は読書をして勉強しているはずです。

といっても、次から次へと発売される分厚いビジネス書をすべて読む必要はありません。仕事に力を入れる限り、そこまでの余力はないはずだからです。ビジネス書オタクになるために、読むわけでもないからです。

それでも**大きく話題になっている世界のビジネス書は、知っておいたほうがよい**でしょう。通読していなくても、エッセンスを知っているだけでも違います。巷で話題になっているいる最新のビジネス書は、さまざまな席で話題になります。読破していなくてもエッセンスを最新の知見として取り入れ、仕事のアイデアに応用している人は多いです。

YouTubeなどで要点をつかみ、エッセンスを知っておく

こうしたなかで、あなたは会話についていけるでしょうか？　仕事を覚えるだけでも大変なのに、分厚いビジネスの話題まで……と思えば、気が重くなるでしょう。結論から言えば、**無理して読む必要はありません。**

読書会をするわけではありませんから、上司や先輩との会話でもビジネス書の話など一瞬でしょう。そのときに「それ、ライフシフトですね」とひとこと言えるか、「何かおもしろい本あった？」と聞かれて「いまは、ライフスパンですね。すごかったですよ」と言えるか。その一瞬の会話に、あなたの読書習慣が垣間見えます。

何が流行っているかを、書店に行かずに知る方法はあります。最新のビジネス書を紹介するYouTubeやメルマガから知識を得るのです。著名な芸能人のでもよいですが、玄人の情報も得た方がよいです。

おすすめは**「土井英司のびびびビジネスチャンネル」**です（２０２１年２月に更新終了）。「ビ

ジネスブック・マラソン」というビジネス書のメルマガを長年にわたり、毎日発行し続けている目利きによる新しい情報番組です。10分程度の動画で最新のビジネス書の書影もみながら、その本のエッセンスも具体的に得ることができます。発売直後の旬な本が次々と紹介されるので、寝る前に少しみるだけでも情報が得られます。読みたい本を探すツールにもなるでしょう。

特色は、300〜500ページ以上あるような分厚いビジネス書でも、10分程度の動画でエッセンスが頭に入ることです。読んでいなくてもエッセンスを語れるようになるくらい、情報が凝縮されています。

短時間で最新のビジネス書のエッセンスを頭に入れておけば、その本を読んでいなかったとしても、少なくとも話題についていくことができるでしょう。自分からそのような話題を振って、その本を読んだ人がいたら詳細を聞いてみてもいいでしょう。「あの本って、こういう本ですよね。読みたいと思っているんですけど。どうでした？」と聞いてみればいいのです。

エッセンスを知っておけば、実際に読むときにもスムーズです。デジャブ感のあるなかで、再読するように読み進めることができるでしょう。映画やドラマをみたあとに、原作を読む感覚です。あらすじを知っているので、すらすら読むことができるのです。

最新の知見が世界から発信され、日本でも早めに翻訳されることが多くなっているビジネス書です。ぜひ、YouTubeも活用しながら接して、読んでいきましょう。

ビジネス書といっても、内容はビジネス（商売）そのものに限られません。最新の科学的な知見や生命科学、人類史、世界史などジャンルは多岐にわたっています。学校に通うことがなくなった社会人には、読書の習慣が教養になります。周りからも知的教養のある人だと思われるようになれば、それ自体が仕事でも大きな武器になるでしょう。

POINT

ビジネス書をすべて読む必要はないが、要約や動画などでエッセンスを知っておく習慣を身につけよう。

40

大量の情報を眺める習慣

メルマガの登録をしたのですが、読み切れません。購読している意味があるでしょうか？

メルマガに登録すると、無料でさまざまな専門情報が得られるという話をしました。この手のメルマガは、かなりの情報量で送られてくるものが多いと思います。

わたしは法務・税務を専門にしているので、専門情報が届く無料のメルマガに登録しています。ただ、毎日忙しく仕事をするなかで、毎週すべてをチェックすることはむずかしいです。忙しいあなたも、きっと同じ状況にあるでしょう。

法務・税務の例で恐縮ですが、商事法務のメルマガがあれば、1週間に起きた上場企業などの企業の公表データなどが原資料のURLつきで大量に送られてきます。具体的には、「官庁等情報」には金融庁、経産省、厚労省、国交省、特許庁などの最新の公表情報が満載です。「企業等の動向」では各種上場企業の公表情報が掲載されています。ほかにも「裁判例動向」「法案提出・審議状況」「パブリック・コメント（意見募集開始）」「パブリック・コメント（意見募集結果）」といった情報が大量にあって、その後にさらに書籍情報、雑誌情報が掲載されています。

国税庁のメルマガをみても、国税庁が発表した直近の最新情報が原資料のURLつきで送られてきます。具体的には、「トピックス」で国税庁公表情報が紹介されています。ほかにも「税の情報・手続・用紙」「刊行物等」「法令等」「お知らせ」などがあり、多くの最新情報が満載です。

せっかく登録したのに読み切れずにいると、購読している意味がないように感じてきます。解約しようかなと思うかもしれません。

しかし、メルマガは、そもそも読み切る必要はありません。**大事なことは、一つひとつをしっかりと読もうと思わないこと。流れてくる情報をざっと眺める**ということです。情報量が多いといっても、100ページを超える雑誌のような量はありません。スクロールして、上から下までざっと一読するだけであれば、数秒で終わるでしょう。

いくつかポイントを挙げておきます。

- **未読メルマガは、できる限り1週間以内には処理する**
- **見出しやトピックをざっと眺めて、気になったものがあれば、読む**

・気になったものがなくても、気にしない

未読が溜まってくるとストレスになりますので、処理の方針を決めて、未読を溜めないようにしましょう。

また、情報は大量なのですから、そこから得られる有用な情報が、100のうち一つでもあれば十分に意味があったといえます。有用な情報がない週が続いたとしても、「有用な情報は特にない」ことを確認できたことになります。

「情報を見ている」ということが大事なので、気になる情報がないことと、情報すら知らないということでは、大きな違いがあります。

フローで伝えられる専門情報は軽視せず、しっかり目で見る習慣を身につけましょう。

POINT

メルマガは読み切れなくても気にしない。大量の情報をざっと眺める習慣をつけておく。

41

伝わりやすい説明の方法論を追求する習慣

会議で上手に説明する人がいます。
口下手なわたしには無理ですか？

一般的なコツをまずお話しします。

1 早口にならない

まず、説明上手な人は、早口ではありません。聞いている人が、どんなリズムとテンポを求めているかをよくわかっています。最初はゆっくり入り、途中からテンポをあげます。聞き取りにくい話し方をしたり、ある部分が長すぎたり、前提部分を省略したりするような説明は、絶対にしません。

2 参加者全員がわかるように話す

会社にはさまざまな部署があり、専門性、技術経験、年齢、性別の違う人が集まります。そこにいる全員が理解できる説明が、上手な説明です。一部の人しか知らない情報を前提に説明することも絶対にしません。未知の情報が前提となっていると、「のけ者」にされたようで不愉快になるからです。

説明が上手な人は**「だれが聞いているのか」**を把握し、「この点、一部の方はご存知ですが、〜」と、知らない人に向けた説明も改めてします。知っている人への配慮もします。知らない人に向けた話を0からすると、「このまえ別の会議で聞いたよ、それ」と、知っている人には思われてしまうからです。

3 聞き手の感覚や理解に寄り添う

上手な説明には、**「聞いている人全員を主役にする発想」**があります。どういう気分で、どういう感覚で、どんな理解で聞いてるか。リアルに、徹底して、具体的に考えます。「早く終えてほしいな」という「感覚」が読み取れれば、早めに終えたり、「知らない用語が多くて難しそうだな」と配布文書をみた聞き手が思っているとすれば、用語を知らない「理解」を前提に説明をすることが必要になるでしょう。

聞き手に寄り添う説明は、自分の感覚や知識を前提にしません。**聞き手が「何を知りたいか」「何がわからないか」「何を詳細に説明してほしいか」を考えながら説明します。**

目的によって、根拠の示し方を変える

説明をする方法には、「結論」と「理由」がある場合、「まずは結論から言う」のが王道

です（**結論・理由型の説明**）。結論を示さずに理由をダラダラ説明すると、どこの方向に進むかが読めない聞き手は不安になります。社会人は、短気です。「まずは、結論から言ってくれるかな」という「気分」になります。

「結論」と「理由」の2本立てで説明をする場合、「最初に結論から言います」「結論は○○です」と、まずは結論を宣言します。その結論に向かう「理由」の説明がされるのだなと予想できるので、聞き手にストレスが生じません。

結論を示すのではなく、何かを**分析するための説明**もあるでしょう（**分析型の説明**）。分析的な説明をする場合は、**「必要性」**と**「許容性」**という二つの視点から解きほぐすことが重要だというお話はすでにお伝えしました（139ページ）が、改めて記載しておきます。「いま30代女性には、こういうサービスが求められている」「潜在顧客が100万人いると考えられる」「きっと売れます。だからやりましょう」というのは「必要性」です。しかし、必要性だけを強調されても、「それは実現可能なのか」「予算内におさまるのか」「法的な問題はないのか」「他社と競合しないのか」といった疑問も聞く人には浮かびます。「問題ないですよ」というのが、「許容性」です。こうして双方を分析した説明がなされると、論理的で分析的だなと人は感じます。

形式論と実質論という視点もあります。

法学でよくある視点なのですが、一般的にも使える考え方です。「形式的な問題」と「実質的な問題」を分けて説明します。「形式的」とは、表面上の問題です。これが「実質的」となると、中身の問題です。これも双方から分析することで、上手な説明になるでしょう。

問題点を挙げ、その対応策を説明するタイプもあります（**問題・対応策型の説明**）。

まず、現状どんな問題があるのかを説明します。この際には、できる限り多くの問題点を指摘します。問題点が一つだけだと、「それは、〇〇です。だから問題ないのでは？」と一蹴される危険があります。しかし、5つも7つも具体的な問題点を示せば、「1、3、5はそれほど大きな問題ではないかもしれないけれど、2と4はやっかいですね」と、問題の話が残ります。

「対応策をどうするか」については、それぞれの問題点に対応する形で具体的に列記します。対応策をできる限り多く挙げ、メリットとデメリットも挙げます。丁寧なプロセスを踏むのがポイントです。

聞き手が「○○が問題だよな」と思ったところで「おお、5番目ができた」となる。「この問題については、○○をすればいいじゃないか」と対応策が浮かんだところで、「○○という対応策が考えられます」と説明します。聞いている人に寄り添う説明は、省略をしない丁寧な説明です。「○○という対応策」のメリットだけでなく、デメリットも挙げる。「なるほど、そうか」と気づきを聞き手に与えたところで、「そこで、こういう対応策が考えられます」と説明します。モヤモヤを解消する説明です。

POINT

聞き手の状況や感覚、理解に寄り添った説明を習慣化する。

42

主観的感情を抑え客観的見地から述べる習慣

議論のとき、意見を言うと感情移入してしまいます。理性的になるには、どうしたらよいですか？

仕事の場で意見を言うことの意味は、すでにお話ししました。その意見は、あなた個人の人生観や価値観を表すものではない、ということです。

そもそも仕事の場で、あなたの政治的信条や個人の価値観を実現するというのは、おかしな話です。

社のために、どのような提案をしたらいいか？　社のためにこの問題に取り組むとしたら、どんな対応策があるか？　このように、考えるべきです。**「社のために新商品、新サービスを提案するとしたら、どんなものがあるか？」**を、あなたは提案したのです。

これに対して、「客観的にみて、予算の問題がクリアできないのではないか？」「法的な障壁がありそうで、法規制を免れることがむずかしいのではないか？」という指摘があったとします。「こんなによい商品、よいサービスを提案したのに、法規制の観点から、いちゃもんなんてつけやがって」と、あなたは指摘をした人に思ってしまう。それは単なる個人の感情的なしこりといえるでしょう。

もちろん、あなたの職場にも「AさんとBさんとの間では、昔から感情的な対立があるんだよね」という先輩方がいるかもしれません。しかし、それは決して真似すべきことではないでしょう。なぜなら、職場では「社のために意見を述べる」べきで、個人の感情的な喧嘩をすべきではないからです。

自分の提案した意見が反対されたりすれば、気分としてはよくないかもしれません。しかし、**提案した意見にも「こだわらない」**ことは大事です。「今日は、こんな提案をしてみた」ということで、「でも、明日になれば、また別の提案をしていたかもしれない」と、それぐらいのさっぱりした感覚であることが大事です。

こだわらない人とは、そういうことです。仕事では、頑固さよりも柔軟性の方が重要です。あなたがいま採った「とりあえずのベストな意見」に、さまざまな意見がある。指摘を踏まえて総合的に考えると、実現はむずかしい。そう思えば、それはいつでも引っ込めればいいのです。**別の人からよりよい代案が提案されれば、「それでもいいじゃないか」「それの方がいいかもしれない」と思える柔軟さを持つ**ことです。「こだわらない」ということが大事です。

あなたの周りの仕事ができる人も、「あまり、こだわらない人」が多いのではないでしょうか。日々大量の仕事をしている人は、何かにこだわりだしたら処理ができません。その意味でも**「とりあえずの意見で、あとは柔軟に」の姿勢の方が、円滑にすべてがまわります。**

指摘されそうなことを想定しておく

さて、理性的になるには、どうしたらいいでしょうか？　まずは、冷静な分析をしておくことが大事です。**一つのゲームだと割り切って、「この企画を提案したら、だれから、どんなことを言われるだろう？」と、予想してみましょう。**そして、どんな反論ができるかも考えてみます。こうして、想定質問と反論案を準備しておきます。

あなたの案にも、他者からの意見にも、それぞれ長所と短所があるはずです。すべての意見には、長所と短所が必ずあります。それらを冷静に分析しておくことが大事です。

もしあなたが、「この提案企画を実現したい」という情熱を持って取り組んでいるものであれば、冷静な分析と準備をしておきましょう。長所だけを強調するのではなく、短所に対する指摘を想定し、その回答案を練っておきましょう。

裁判では、原告でも被告でも代理人になった弁護士は、自分の依頼者本人の有利な点だけでなく、必ず不利な点についても徹底して調べます。依頼者本人からも、不利な部分について、徹底して情報を収集します。不利な部分を事前に認識しておき、反論の仕方を練って固めておけば、相手から批判や指摘があっても、速やかに論理的な回答ができます。

こうした説明によって意見や理屈は強固に構築され、強い印象を与えることが可能になります。いわゆる説得力です。「確かに、○○というご指摘があるかもしれません。しかし、こう考えることができます。よって、問題ありません」と、先回りした対応を説明に織り込むこともできるようになります。

もちろん、指摘をされたときには反論することにし、指摘されるまでは自分からは触れない事項を考えることも必要になるでしょう。

意見を言うと感情的になってしまう人は、あくまで社のために提案する「いまの一つの意見」だと考えましょう。**意見を強固にしたければ、撤回・修正をする柔軟さを持ちながらも、長所と短所の分析をし、想定質問と回答を考え戦略を練っておく**ことです。

理論武装のプロセスですから、感情によらない冷静な分析が求められます。

POINT

その時点での「とりあえずのベストな意見」を提案し、柔軟に対応する習慣をつける。

43

他人を説得する幻想を捨てる習慣

人を説得することが苦手です。
どうしたらできるようになりますか？

言葉を尽くした説明をしたら、反対していた相手が説得されて、あなたの意見に賛同してくれた。これは理想的な展開ですが、現実にはまず無理だと思ったほうがいいでしょう。「説得」という言葉には、反対していた相手の考えを１８０度変えさせるようなニュアンスが含まれています。「わたしは、堅物の上司Aを説得した」という発言には、言葉を尽くし、岩のように動かない上司の見解を変更させることに成功した、という印象ですね。

しかし、両説あり得るなかで見解が交わされる社会人同士の議論では、若い人が相手であればまだしも、ベテランの上司を「説得する」「納得させる」などということは、そもそもできないと考えた方がよいです。

「他人を説得する幻想」から解放される。そのような習慣を身につけた方が、かえって相手を説得することができると思います。

矛盾していると思われるかもしれませんが、相手を動かすことはできます。それは、**相手にこちらが提案している結論に乗ってもらう**ことです。同じバスに乗ってもらうためには、あなたの提示した意見が「絶対的に正しい」と思ってもらう必要はありません。まずは、この点から出発しましょう。
具体的な正攻法としては、次の三つがあります。

1 相手の価値観に響くような説明をする

第1に、相手の価値観に響くような説明をすることが重要です。なぜなら、人によって響く価値観は違うからです。

人が動く価値観は、大きく分けると五つあると思います。
①数字、②情熱、③前例、④ロジック、⑤権威です。
具体的な「数字」が示されないと、どんなに魅力的な考え方でも納得しない人がいます。いくらでもきれいにつくれる数字には意味を見出さず、企画に対する立案者の熱量や情熱をみる人もいます。
社における旧来から現在に至る一貫性こそ重要であると考え、過去の「前例」との関係を重視する人もいます。前例重視の人は「例外を認めない」タイプの可能性があるので注意が必要です（例外ではない、あるいは過去にも例があると説明することが重要になるでしょう)。

「すべては論理である」という考えの人も、世の中にはいます。その人にとっては結論が正しいかどうかの問題ではなく、プレゼンとしてみたときに「ロジック」が貫徹されていたかどうかが大事になります。

「権威」を重んじる人は、「○○さんは賛成しているのか」ということにもっぱら関心を持ちます。社内の人に限らず、外部の人でも「あの人は言っているのか」で変わります。

5つの例を挙げましたが、**相手がどの価値観が響く人なのかを分析し、キーマンの価値観に響くような説明をしましょう**。そうすれば、あなたの提案は通りやすくなるでしょう。

2 予算・費用の問題をクリアに説明する

第2に重要なのは、お金の問題です。**社内の予算・費用などのお金の問題をクリアしないと、どんなによい内容でも実現することはできません**。予算と費用というお金の問題について、相手が納得できる数字を提示できるよう説明がなされることが大事です。

③ その他の問題がクリアされていることを説明する

第3に重要なのは、問題がクリアされているかです。前にお話しした許容性と重なるところもありますが、具体的には「コンプライアンス上の法的な問題」であったり、「社内の政治的な問題」であったりするでしょう。

これらを乗り越えて、**最後は「妥協」という落ち着き方がある**ことも知っておきましょう。いわゆる抱き合わせ的な方法です（**バーター論**）。「わかった。じゃあ、この件は飲むよ。でも、あの件はしっかりやってくれよ」という形で、議題の承認が、他の条件づけによる交渉になります。

バーターによる妥協の決着は、現実には多いでしょう。「他人を説得する＝納得させる」という幻想は捨てた方がよいと言ったのは、社会はこのように動いている面があるからです。そして、実際にはとても重要です。

その意味でも、一つのことに「こだわる」と、周りがみえなくなり「バーター論」の発想ができなくなるため、注意が必要です。

他人は、何に基づいて動くのか。どんな理由が示されれば、動くのか。こういう発想になることが社会人としては、重要です。ニュースをみるときも、そのような観点で物事をみる習慣を身につけるとよいでしょう。

POINT

世の中にきれいな決着は少ない。
他人が動く理由を観察する習慣をつけよう。

44

指摘や反論をプレゼンに活かす習慣

反論や指摘をされると、
頭が真っ白になります。
どうしたら自信を持てますか？

頭が真っ白になるということは、「何を答えればよいかわからない」「どのように答えればよいかわからない」という状況ですよね。それは、指摘されたときのために準備をしていない、つまり準備不足が大きな原因だと思います。

しかし、きちんと準備していたのに答えられない人は、緊張しすぎていて、そもそも指摘や反論の内容が頭に入ってこないという場合がありえます。

メモをするなどして、相手の発言をよく聞きましょう。また、聞き逃してしまったり、正確に理解できているか自信がもてないときは、そのままにせず確認をします。「いまご指摘いただきました点ですが、〇〇という理解でよろしいでしょうか」「いまのご発言は、〇〇という趣旨でしょうか？」というように、確認をし、確認をするなかで回答も整理していけばよいのです。

完璧な回答が求められているとは思わないことです。「その点であれば、このように対応することができると考えています」という問題を乗り越える筋道が用意されているかが問われているのです。

しかし、そこで「えーと」「うーん」となり、「すみません、何もないです」となってしまえば、その提案や企画が準備不足である印象がとても強くなるでしょう。頭が真っ白になって何も答えられなくなるという状況は、この点から仕事においては好ましくありません。なぜなら、あなた個人が「わたしは話が苦手です」「回答が苦手です」という問題ではなく、その企画や提案の成否そのものがあなたの対応にかかっているからです。

このように言うと、あなたはそれをプレッシャーに感じてしまうかもしれません。しかし、そもそも発想を変えたほうがよいです。それは、**指摘や反論は、その「人」に対してなされているわけではない**ということです。その「人」とは、その人の人間性や人格のことです。そういうことはそもそも議論の対象ではなく、「人」を通じて提案された内容について具体的な問題点や指摘がなされているだけなのです。

あなたの提案が指摘や反論をされたとしても、それはあなたの人間性や人格が攻撃されているわけではないのです。「提案した内容」に、どのような問題点があるかを考える場なのです。そして、それを踏まえて、**どのように改善していけばよい企画になるかについて、現時点におけるあなたの考えを回答すればよい**のです。

前に少し触れましたが、ディベートの発想が参考になります。ディベートとは、自分の考えを主張する場ではなく、「立場」を決められてその立場から説得力のある説明をするゲームです。立場は、自分の価値観とは関係なく、ゲーム上決められたものです。前半戦と後半戦に分け、同じチームで双方の立場をやるディベートもあります。このように立場を決めて物事を話すとき、前半戦は賛成側の立場だった人が後半戦では反対側の立場になって議論をすることになります。

前半戦では「○○はすべきだ」と主張していたチームが、後半になると「○○はすべきでない」と主張しはじめます。これらのゲーム感覚が「立場固定」でつかめると、人に対する攻撃ではなく内容に対する主張・反論の意味がわかると思います。

そうしたトレーニングを積んでみたら、よいのではないでしょうか　そうすれば、自然と自信もついて来るはずです。

POINT

ディベートの発想を取り入れ、二項対立のどちらの立場からも考える習慣をつけよう。

45

気分や感情に流されない習慣

ちょっとしたことで落ち込んでしまうことが多いです。どうしたら気分に左右されなくなりますか？

若いうちは、ちょっとしたことで、落ち込んでしまうことがあるでしょう。上司や先輩方と比べて、圧倒的に経験・実積が少ないからです。些細な指摘をされたことや、うまくいかなかったことなどを気にして、落ち込んでしまう。人として、ごく自然なことです。

どのように仕事に取り組めば、「いまより上手に成果を出していけるようになるか」「効率よくストレスなくさばいていけるようになるか」を、これまでお話ししてきました。しかし、すぐにできるようになるわけではありません。視点を持って、日々の仕事に集中して取り組む。経験の蓄積によって、少しずつあなたの血肉となっていくものです。試行錯誤しながらでよいのです。

お話ししてきたさまざまな視点は、わたし自身が29歳で遅い社会人デビューを果たしたときに、苦労して身につけた方法と習慣です。わたしも、いまは46歳。40歳で大学教員になりました。職場では、若い学生を毎年みてきています。合宿や他大学とのディベート大会など、濃厚な2年間をゼミ生と過ごします。

いまの20代が、学生時代からまじめに勉強に取り組んでいること、学外の活動にも積極的に取り組んでいること、日ごろから最新のネット情報なども駆使して活用しながら時代の先端を行く情報収集をしていることを、よく知っています。いまの20代が、わたしたちの世代よりも周りの仲間を大切にし、集団活動も比較的得意であることもよく知っています。

しかし、社会に出ると、どうでしょう？　学生時代のようには、思うようにいかないことが、残念ながら多くなると思います。

なぜでしょうか？　学生時代は、あなたがいつも中心にいたからです。自分が中心の学生時代と異なり、社会人時代になるとみんなが主役です。他者が常に主役になるのです。その一部として、あなたは存在します。**社会人の一人として、周りにいる他の人にどれだけ協力することができるかが問われます。**

社会人という言葉は、「社会」のなかの「人」であると書きます。「学」ぶことを人「生」にしている「学生」と違い、社会という人の集まりのなかにいる一員になります。ポジションが、がらりと変わったのですね。それで、いままでどおりでは結果が出ないのです。

同世代でなく、全世代のなかに放り込まれたことも大きな違いでしょう。勝負する相手は、あなたより多くの経験を積んでいます。

優秀な上司や先輩は、活発で、さまざまなことに取り組んできた人です。人からすごいと言われる得意なことがあった人たちです。猛者が経験を重ねたのが、上司・先輩なのです。

RPGのつもりで、仕事を楽しむ

人間には気分や感情があります。小説や映画、ドラマをみればわかるでしょう。だれもが同じような環境に立てば、あなたと同じように傷つきます。気分に左右され、怒り悲しみ落ち込みます。そう考えると、「自分も人間の一人なのだ」とわかり、気が楽になるのではないでしょうか。

ちなみに、わたしは、新人弁護士のころ、毎日落ち込むことばかりでした。そんななかで「仕事の悩み」を解決してもらえる答えを探し求めます。そして、ある日、早いうちにビジネス書にたどり着きました。本に書いてあることから、多くの示唆を受けました。

その学びを日々の仕事に活かして、実践しました。新人のときだけで解決できることは少なく、10年近くは成長しながらもビジネス書を読み続けていました。その試行錯誤の蓄積を思い返し、あなたにお話をしてきました。

わたしも、あなたと同じでした。落ち込みますし、気分に左右されていました。

でも、いまのわたしはそういうときもありますが、仕事には影響させずにコントロールすることができます。また気分の変動はあっても、深く落ち込むことは若いころと比べてほとんどなくなりました。あなたも、必ずそうなれます。

仕事に集中することは、重要です。気分や感情はできる限り排除する。そういう習慣を、身につけましょう。仕事でうまくいかなかったり、結果が出なかったりしたときは、チャンスだと思いましょう。「その原因は、どこにあったのか？」を、徹底して分析すればいいのです。

その分析から得られた「考え方」を、次の仕事に活かしていきましょう。

こうして**「失敗↓反省↓分析↓実践」のプロセスを繰り返していけば、仕事というゲームのなかで、あなたのスキルはどんどんアップしていきます。**それ自体をＲＰＧ（ロールプレイングゲーム）の主人公なのだと思って楽しんでしまえばいいのです。仕事は何よりも「楽しむこと」によって、どんどん上達していきます。

POINT

失敗はチャンスだと考え、次に活かす。その習慣が、自分を成長させる。

46

学生と社会人の違いを意識し成長するための習慣

「いつまでも学生気分ではダメだ」

と言われます。

社会人と学生の違いって、どんなところですか？

そもそも社会人と、そうでない人で何が違うのでしょう？

フリーランス以外の社会人は、組織に所属しています。そして、その組織の人間として働いています。その組織に対する労務提供の対価として、給与をもらい生計を立てています。いわゆる給与所得者です。

個人事業主として経営されている方も、社会人です。自分が事業主として看板を背負っているので、自ら掲げた屋号という組織のために働いているといえるでしょう。

社会人とは、その組織の一員なのです。**組織の一員として仕事をしているので、どんな場面でも「組織としての一貫性」がなければなりません。**昨日のお客さんには1000円で売ったのに、「今日のお客さんイケメンだから500円でいいや」とはできないのです。人事部の人が「今日面接に来た子、タイプだったな。あとでメールしてみよう」も、アウトですよね。

個人的な好みや趣味嗜好は、社会人として行動する際には捨てなければなりません。「株式会社○○」の社員として、あなたは仕事をしているからです。

この点が、学生と社会人の大きな違いです。この根本的な部分を押さえないと、学生の延長線上で「この会社は間違っている」「オレの考えのほうが論理的に正しいね」と、個人の価値観を全面に出してしまうのです。「それは個人でやってください」という話です。

会社の兼職禁止規定などに違反しない限り、社会人でも個人の活動はできます。しかし、**組織の一員として行動しているときには、「組織の考え方」を理解しなければなりません。組織の利益の追求に貢献する必要があります。**組織内部の決め方のプロセスを踏むことも必要です。

これがおそらく、いまあなたがぶつかっている「壁」の正体でしょう。これらを社会人として受け入れることに、まだ躊躇している。あなたが自分で「壁」にしているのかもしれません。

「本音」と「建前」を分ける

学生時代は、グループや仲間以外の人は基本的に必要ありません。お金を稼ぐ組織ではないので、外部の人との関係にそれほど気を使う必要はなかったはずです。

社会人は、お客さん、取引先、上司、部下、どのような人であっても、全員を尊重して大切にしなければなりません。そのなかですべての仕事を進めていく必要があります。

これをいつも自然にこなす人は、「大人」だといえるでしょう。**大人とは、社会人であることを前提に、「他者に対する尊重」を徹底できる人**なのです。

それが自分の利益になるかどうかではなく、自社の利益になるかどうかを考える。それが他者の利益にもなるか、ひいては社会にとっても利益になるかまで考えるのです。

もし、社会にとって問題が起きるのであれば、方向性が誤っていると判断しなければなりません。あなたがそれをおしすすめて組織が社会的に非難されたら、組織にダメージが生じるからです。

いざとなったら責任をとらなければならないのが、「社会人」です。そしてその覚悟を常に持っている人が、「大人」なのです。

責任と覚悟をもって日々を過ごすと、物事が深くみえるようになります。これが「大人の目」です。深くみることができる人は、そこにいる人すべてに「心」があることもわかります。一人ひとりの心に思いをいたしつつ、苦渋の決断をしなければならないときもあります。

組織や社会のためには、「本当に思っていること」「個人的な考え」、つまり「本音」を言うべきでない場面も多くなってきます。そこで、「建前（原則として立てている方針、表向きの考え）」が構築されてゆきます。

昨今、「建前」は、本音の対義語として「自分の心に正直でないこと」、つまり嘘と同義に扱われ、悪者にされがちです。しかし、本来は、個人の趣味嗜好、価値観に頼らず、組織や社会のために行動するための、社会人として持っていて当然の考え方なのです。

もちろん、本音ベースで考えることも、行動をすることもあります。それでも、社会人として行動するときは、本音より建前を前提に常に行動をします。本音と建前が合致する場合でも、建前を強調して発言をします。

このように、**本音と建前をしっかりと分けることができる人、社会人として他者を尊重して振る舞うことができる人が「大人」**です。つまり、大人とは「人の気持ちがわかる人」

なのです。

POINT

社会人は、社会という組織の一員。
全員を尊重する考え方を習慣にする。

47

仕事とプライベートを総合的に充実させる人生の習慣

仕事をするだけの人生にどんな意味があるのかわかりません。プライベートの充実のほうが大事だと思うのですが、どう考えたらよいですか？

若いときには、「プライベートさえ充実していればいい」という発想ができます。また、実際にそれでも数年、あるいは十数年はうまくやっていけるでしょう。

ところが、これから歩んでいく人生を考えると、あなたはいつまでも若いわけではありません。結婚すれば、家族を持つことになります。生活のため家族のためにやらなければならないことは、仕事に集約されるようになります。稼がないと生活がまわらなくなるからです。

仕事以外に打ち込める趣味や好きなものがある。人生を充実させるためには、大事なことだといえます。自分の人生を楽しむために、人生を楽しむために、自由にやればよいでしょう。ただ、資本主義社会では、お金がなければ好きなこともできません。生活が安定しなければ、好きなことに没頭することもできません。

そうすると、「プライベートさえ充実していればいい」という考え方は、若いときしか通用しない考え方かもしれません。もちろんその時代は数年以上、あるいは10年以上は続くかもしれません。

40代や50代で「プライベートさえ充実していればいいんだ。仕事なんて関係ない」と言っている人がいるでしょうか？　飲み会の席でぼやいている人は、いるかもしれませんが……。それはストレスから出た本音というか、願望でしょう。

しかし、表立ってそのように言う人は、ほとんどいないと思います。仕事をしなければ生活はできません。そして平日1日8時間という人生の大部分を費やす仕事が苦痛でたまらないものだったら、人生は充実しないということを経験上よくわかっているからです。

「人生100年時代」ですから、今後の長い人生を考えると、プライベートが常に安定しているということも難しいでしょう。病気や親の介護など、さまざまな出来事が予測されます。そんなときでも、仕事が充実していれば、仕事が精神のよりどころになるかもしれません。あなたの安定の場所は、将来は逆に「仕事」になるかもしれないのです。

40代、50代になったときの仕事を充実させるためには、若いときの過ごし方、取り組み方が重要です。すべての基礎になるからです。**未来のあなたが充実する生活を送るためには、「未来への投資」が必要です。**いまのうちから仕事のスキルを身につけ、仕事が楽しいと思えるレベルまで仕事に没頭し、自己投資をしてみましょう。

将来どんな生活を送りたいのか。仕事ではどんな活躍をしたいのか。具体的に想像してみましょう。

「未来のリアルな自分」が見えたとき、いま目の前にある仕事に没頭することは、プライベートの充実と相反するものではなく、人生を充実させるためであるとわかるでしょう。

POINT

長い人生を総合的に考える習慣を持つ。

48

他者との比較や評価を気にせず自己肯定感を得る習慣

仕事だけでなく、プライベートでも
友人と比べてしまいます。
自己肯定感を得るには、どうしたら
よいですか？

学生時代に成績が優秀だった方ほど、このような悩みを抱えがちではないかと思います。学生は、試験で結果を出せば成績がつきます。やるべき対象が明確ですよね。レポートでも、同じです。レポートは同じ課題で、受講生全員に出されているものだからです。同じ対象で勝負する。相対評価で成績がつく。この点も、試験と変わりません。

社会人になると、仕事の評価は曖昧になります。上司などの人が評価するため、主観が入りやすい。この点が大きな違いだと思われるかもしれません。もちろん、試験の点数と異なり、見る人の価値判断が好みにより影響する要素はあるでしょう。ただ、期末試験の論述問題や、レポート課題にも、同じように主観的要素はありました。文章を採点する場合、択一式のマークシートの試験問題のように、唯一の正解があるわけでないからです。

全員で同じ仕事をするわけではない

では、なぜ社会人になると評価が曖昧になると思われるのでしょうか？

それは、人が判断するという側面よりも、**評価の対象が人それぞれで違う**点が大きいのではないでしょうか？

学生時代の試験もレポートも、同じ問題に多くの受講生が取り組み、そのなかで点数と成績がつけられました。採点する先生は、その授業の担当教員でしょう。であれば人が採点している点で、主観が入ることは織り込み済みです。それでも、同じ先生が３００人の答案やレポートを採点していることを考えると、納得感は得やすいのだと思います。

成績がよかった人は、さらにどうしたら高い点がとれるかも研究していて、コツもつかんでいたのではないかと思います。しかし、社会人になると、全員が同じ仕事をするわけではなく、たとえ同期であっても異なる仕事や成果で評価されることが多くなります。


あなたが納得感を得がたいとすれば、そもそも評価される仕事の対象が一人ひとり違うからではないでしょうか。３００人で同じ問題に回答するというような非効率なものは仕事にはなく、それぞれが別の作業を行うものだからです。

つまり、**他者との比較がなされるにもかかわらず、比較される対象が曖昧である**という点でしょう。そして、「日々の仕事は、果たしてどれだけ見てもらえているのか」「共同で分担したことになっているけど、実際にはわたしが主体的にやった。上司にどれだけ伝わっているのだろう？」という疑問となって表れ、さらに拍車をかけることでしょう。

人事評価には専門ではないため、評価の詳細には触れません。ただ、メンタル面としてみると、**「自分にコントロールできないことは考えない」**のがいちばんだと思います。そして、**「自分のコントロールできるところを、しっかりとやる」**ことです。

あとは、そのことがきちんと伝わるようアピールすることも大事ですね。ただ、アピールに重きを置きすぎると、逆に他者からみたときに「あの人自己アピールしすぎだよね」となってしまう危険もありますから注意が必要です。

「幸せ」の価値基準は自分で決める

プライベートでは、友人の結婚や出産、昇進、転職などを知ると、焦りを感じるかもしれません。特に同級生のSNSで幸せそうな投稿を見ると、そのような感情は顕著に表れます。プライベートの他者比較です。

こうした「プライベートの他者比較」については、実際にはだれも評価をしていません。

自分だけで勝手に他人と比べて焦ったり、自己評価を下げたりしているのです。

そして、自分のなかに焦りや劣等感があると、友人の投稿に対して、「幸せ自慢している」「虚栄心が強い」と思ってしまいがちです。ただ、その人にはそんな意思はなくて、単に自分の身の回りの関心や出来事や嬉しかったことを投稿しているだけかもしれません。あまりに気になるようなら、しばらくSNSと距離を置いてみるのもよいでしょう。

他者との比較はせず、自分の毎日に没頭するのです。結婚した友人をうらやましく思ったとしても、それだけ幸せかというとそうではありません。数年後には離婚しているかもしれません。でも、離婚だって、人生の転機となり、次の幸せをその人はつかむかもしれません。

大事なことは、「自分の幸せ」を追求することです。**あなたが追求すべき幸せの価値基準は何でしょうか？**　まずは、それを明確にしましょう。そして、価値基準がそもそも異なる他人と自分を比較しても、意味はないことを自覚しましょう。

結局、比較の先にある「評価」を他者に求めることが、すべての原因です。コントロールできない領域には踏み込まないことです。**自分の仕事もプライベートも、その評価は自分ですればよい**のです。それが「自己（あなた）」自身を、ポジティブな「肯定」評価をしてあげる「自己肯定」の力です。
その力を習慣的に使いましょう。こうして得られるのが、「自己肯定感」なのです。

POINT

自分の価値基準、自分の評価、自分の毎日に没頭し、自分のコントロール外のことは考えない習慣をつける。

おわりに

２０２０年。本書執筆のきっかけは、社会がオンライン化した時期にありました。大学で教員をしているわたしも、４月の緊急事態宣言により、５月初旬まで前期授業の開始が延期され、そのあとは授業・会議などがオンラインになりました。

わたしは法学部教授（もともとは弁護士で、現在も弁護士登録はしています）で、税法のゼミを担当しています。６月、社会に出ていくゼミ生のために、卒業して間もないゼミのＯＢ・ＯＧをゲストスピーカーとして招き、仕事や就活の話をしてもらいました。オンラインで４名が話してくれたのですが、ゼミ生から「おすすめの本はありますか？」という質問がありました。そのときゼミ卒業生がアドリブで、さまざまな本を挙げている姿を見ました。

「いろんな本を読んでいるのだなあ」と感心したのですが、そのときに「入社1年目の社会人」を対象にした本を挙げた人がいました。以前からその本が売れていることは知っていたので、学生を指導し社会に送り出す立場として、早速購入して読んでみました。

読んでみて思ったのは、「なるほど。本を読んで勉強しようという若い人が多いのに、社会人の教科書はないんだな」ということです。そこにニーズがあることもわかりました。社会人として「何が会社から求められるか」が凝縮されていると思いました。

他方で、目線を考えると、(当然のことですが)「会社からのメッセージ」だなと、やはり感じました。そのような観点から、社会人のマナーなどの本もいろいろ読んでみました。すると、敬語の使い方などのビジネスマナーでも素晴らしい本がありました。ただ、実際に社会人を20年近くやっている自分も含めて、周りをみても「そこまで細かくはできていないだろう」ことが多く書かれていました。

つまり、教科書となると、やはり上から目線の「これをやるべき」というタイプの本になっているのですね。「社会」という大海に放り込まれて萎縮している社会人になられたばかりの方は、これらの本から学ぶことは多くあるでしょう。ただ、もしかしたら「これから社会人になる」というとき、つまりは（ゼミの卒業生が読んだという）就活の時期が適切かもしれず、すでに働き始め、日々を必死に過ごしている新社会人にとっては難しいこと、できていないであろうことも多く、「心の強い人」でないと、さらに押しつぶされてしまうのではないかとも感じました。

＊＊＊

また5月に、3月に卒業したゼミ生からオンライン飲み会に誘われました。7、8名の新社会人から、仕事の様子をリアルに聞くことができました。

メガバンクにつとめる女性は、オンライン飲み会中も勉強をしていました。航空会社でCAになった女性は、仕事がどうなるかまだわからない状況のようでしたが、アルバイトなどもしながら毎日を楽しく過ごしているようでした。大手メーカー、大手広告代理店で働く子たちは、「会ったことのない人と、いきなりオンライン会議です！」とか、「うちはオンラインにできない役所の仕事なので、毎日勤めている」などの話が聞けました。

わたしのゼミは、おそらくいわゆるガチゼミです。濃厚な活動（勉強）をすることに耐えられる人だけが集まるため、学内の成績も進路も優秀な人が毎年とても多いです。そんな卒業後の教え子の活躍に想いをいたすとき、既存の「社会人の教科書」とは「違う立場」から、若い方にメッセージを届けたいと考えました。

これが本書の執筆の動機です。「社のために」という言葉を使う場面や、「社会人とは」「大人とは」という言葉を使う場面がありますが、「本書のスタンス」は明確です。

それは**「それでも、読者のあなたが主役です」**ということです。「会社が主役」とは、わたしは考えていないからです。

わたし自身、組織で働くことが嫌で、大学時代に就職活動をしませんでした。卒業後に4年間、司法試験を受けて弁護士になりました。司法修習1年半を経て、弁護士として社会人になったのは29歳でした（もっとも、28歳のときに司法修習生として、裁判所、検察庁、法律事務所に勤めて給料をもらっていますから、正確には28歳かもしれません）。

そのようななかで、どのようにすれば「社会人」として充実した仕事ができるようになるかを模索し続けたのですが、つねに考えていたのは自己実現です。

自分自身の人生を、充実して幸せな毎日にしたい。そのためにも、「この楽しい仕事をしっかりやれるようになろう」という想いでした。

本書はそんなスタンスから、毎年20名近くのゼミ生を社会に送り出す教員としての想いをこめて書いたメッセージ集です。

4年生の最終ゼミでは毎年、社会人として羽ばたくゼミ生に「これからをどのように過ごしていけばよいか」をレジュメにまとめたメッセージ（仕事の仕方）を渡して講義をしています。そのレジュメを「折りたたんで手帳に挟み、持ち歩いています」という県庁勤務の卒業生がいたことが、社会人1年目の方に向けた仕事の本を世に出す意義があると感じたきっかけになりました。彼女からは、入社してまもない人がどのようなことに直面し、何を教わりたいのか、知りたいのかを詳細に教えてもらいました。また、ほかにも卒業生（入社1年目～4年目）から、どんなことを本で読みたいか（学びたいか）を教えてもらい、それを本書の質問の参考にしました。

ご協力をしてくださった方に、まずは御礼を申し上げます。八幡詩織さん、後川佳菜さん、吉武真奈己さん、角柚花さん、髙野いずみさん、ありがとうございました。

メッセージが読者に届くような企画構成をしてくださり、読みやすいレイアウトに整理してくださった、担当編集者の藤田浩芳さん、大竹朝子さんにも、心より感謝いたします。

思うようにいかない日々も続きますが、それでも世に羽ばたき、これから活躍してゆく若い読者のみなさんが、希望の光です。**どうか、くじけることなく、社会人として身につけることが可能な「たくさんの技術」を高めていってください。**

数年後には、きっと大きく成長したあなた自身が発見されるはずです。最後までお読みくださり、ありがとうございました。

2021年3月

木《き》山《やま》泰《ひろ》嗣《つぐ》

社会人1年目からの読む・書く・考える・伝える技術

発行日　2021年3月20日　第1刷

Author　木山泰嗣
Book Designer　岩永香穂（MOAI）

Publication　株式会社ディスカヴァー・トゥエンティワン
〒102-0093 東京都千代田区平河町2-16-1 平河町森タワー11F
TEL　03-3237-8321（代表）03-3237-8345（営業）
FAX　03-3237-8323
https://d21.co.jp/

Publisher　谷口奈緒美
Editor　藤田浩芳 大竹朝子

Store Sales Company
梅本翔太 飯田智樹 古矢薫 佐藤昌幸 青木翔平 小木曽礼丈 小山怜那 川本寛子
佐竹祐哉 佐藤淳基 竹内大貴 直林実咲 野村美空 廣内悠理 高原未来子 井澤徳子
藤井かおり 藤井多穂子 町田加奈子

Online Sales Company
三輪真也 榊原僚 磯部隆 伊東佑真 川島理 高橋雛乃 滝口景太郎 宮田有利子 石橋佐知子

Product Company
大山聡子 大竹朝子 岡本典子 小関勝則 千葉正幸 原典宏 藤田浩芳 王廳 小田木もも
倉田華 佐々木玲奈 佐藤サラ圭 志摩麻衣 杉田彰子 辰巳佳衣 谷中卓 橋本莉奈
牧野類 三谷祐一 元木優子 安永姫菜 山中麻吏 渡辺基志 小石亜季 伊藤香 葛目美枝子
鈴木洋子 畑野衣見

Business Solution Company
蛯原昇 安永智洋 志摩晃司 早水真吾 野﨑竜海 野中保奈美 野村美紀 林秀樹
三角真穂 南健一 村尾純司

Ebook Company
松原史与志 中島俊平 越野志絵良 斎藤悠人 庄司知世 西川なつか 小田孝文 中澤泰宏

Corporate Design Group
大星多聞 堀部直人 岡村浩明 井筒浩 井上竜之介 奥田千晶 田中亜紀 福永友紀
山田諭志 池田望 石光まゆ子 齋藤朋子 福田章平 俵敬子 丸山香織 宮崎陽子 青木涼馬
岩城萌花 大竹美和 越智佳奈子 北村明友 副島杏南 田中真悠 田山礼真 津野主揮
永尾祐人 中西花 西方裕人 羽地夕夏 原田愛穂 平池輝 星明里 松川実夏 松ノ下直輝
八木眸

Proofreader　文字工房燦光
DTP　アーティザンカンパニー株式会社
Printing　シナノ印刷株式会社

ISBN978-4-7993- 2718-0